ビジネス
エキスパート
English

イラストで覚える
生産現場の英語

現地スタッフに伝えたい
ノウハウとルール

松崎久純

the japan times

🎧 音声ファイルのダウンロード方法

この本に対応する音声ファイル（MP3 形式）は、以下の URL より無料でダウンロードすることができます。

http://bookclub.japantimes.co.jp/seisan

＊ブラウザのバージョンや端末の状況によって、時間がかかる場合がございます。
＊音声ファイルは ZIP 形式に圧縮されていますので、ソフトなどで解凍したうえでご利用ください。

はじめに

　本書は、生産現場で働く人のための英会話の本です。海外の工場へ赴任・出張される方、日本国内で海外からの研修生を指導される方に活用していただくために、わかりやすく学習効果の高い教材を目指して作成したものです。

　本書の第1～6章では、各節に1つずつ動詞を取り上げ、会話センテンスや関連したフレーズなどを紹介しています。これらの動詞は一般的にもよく使われる覚えやすいものばかりです。生産現場では、専門的な用語ばかりを使うわけではありません。実際の現場ではこれらの「日常的な会話でも馴染みのある言葉」がどのように使われるのか、各節の会話センテンスを見て学んでいきましょう。もちろん現場の専門用語も随所に登場しますから、合わせて学びます。

　第1章では、まず簡単な表現を見ていきます。第2～3章では生産ノウハウについて、第4章では5Sについて、第5～6章では、現場での作業について、それぞれカバーしています。
　本書は、第1章のはじめから進むと、内容の説明や単語の解説などを理解しやすくなっていますが、必ずしもはじめから順に進まなくとも、全体を見てピンとくるところから取り組めば大丈夫です。ぜひご自身に必要なテーマを探してみてください。
　なお各節では、必要に応じて、取り上げるテーマを日本語で解説しています。

本書には、イラストを主体として単語や会話センテンスを学ぶ「イラストで読み解こう」というセクションもありますから、楽しみながら活用してください。
　「製造現場必須ボキャブラリー」では、生産現場で使う専門的な動詞とセンテンスを取り上げたほか、生産手法やQC活動などに関しても単語や表現を紹介しています。
　また、コラム「プラクティカルな英語学習」では、効果的な英語学習法について紹介していますので、参考にしていただける点があれば幸いです。

　英会話のセンテンスは、出版社のホームページから音声をダウンロードしていただけます。英会話を習得するときには、テキストを見ながら音声を聞いて、それを真似して話すことが大切です。それを繰り返すことで、テキストを見ないでも話せるようになりますから、ぜひ活用していただきたいと思います。
　音声を聞くときのコツについては、コラム3の「『話す』と『聞く』はセットで」の中でも触れていますから参照してください。
　本書が、海外業務で活躍される方々のお役に立つことを願います。

　本書の企画と編集では、ジャパンタイムズ英語出版編集部長の西田由香さん、同編集部の木浪洋了さんにたいへんお世話になりました。ここに感謝の意を表します。本書の完成にご尽力いただいたすべての方々にお礼申し上げます。

2016年4月

松崎久純

CONTENTS

はじめに 3
本書の構成と使い方 10
登場人物紹介 12

第1章 すごく簡単
必ず使いこなしたい

01 製品に価値を与える　Add 14
02 顧客の需要に応じる　Meet 16
03 事故を防ぐ　Prevent 18
04 出荷が遅れる　Delay 20
05 操作を学びはじめる　Start 22
06 仕掛品在庫と呼ぶ　Call 24
07 業務や安全性を改善する　Improve 26
08 よい状態を維持する　Keep 28
09 なぜ問題が起きるか自問する　Ask 30

イラストで読み解こう ① 工場の中を眺めて 32
イラストで読み解こう ② 生産ライン1 34
イラストで読み解こう ③ 生産ライン2 36

第2章 生産ノウハウ(1)
アイディア、考え方

01 コストを削減する　Reduce 42
02 不必要な在庫を排除する　Eliminate 44
03 異常に反応する　React 46

04 同じペースで動く　Move ····················· 48
05 最終工程のペースで作業する　Operate ········· 50
06 生産を平準化する　Level ····················· 52
07 混流生産を実施する　Practice ················ 54
08 職場の問題を見出す　Identify ················ 56
09 作業票を描く　Draw ·························· 58
10 標準作業が尺度となる　Measure ··············· 60
11 作業を図解する　Illustrate ·················· 62
12 標準作業票を改訂する　Revise ················ 64
13 作業者数は固定すべきか　Fix ················· 66
イラストで読み解こう ④ 作業者の制服 ············ 70
イラストで読み解こう ⑤ 通路と、ものを置くスペース ··· 72
イラストで読み解こう ⑥ 仕掛品在庫 ·············· 74

第3章 生産ノウハウ（2）
実務

01 時間通りに到着する　Arrive ·················· 80
02 注文を待っている　Wait ······················ 82
03 在庫が滞留する　Stay ························ 84
04 生産チームを編成する　Form ·················· 86
05 生産ラインを編成する　Arrange ··············· 88
06 作業の速度を落とす　Slow ···················· 90
07 抜取検査を実施する　Carry(out) ·············· 92
08 特定の順序にしたがう　Follow ················ 94
09 標準を設定する　Set ························· 96
イラストで読み解こう ⑦ 倉庫 ···················· 98
イラストで読み解こう ⑧「先入れ先出し」用のラック ··· 100

第4章 5S
整理、整頓、清掃、清潔、しつけ

- 01 整理1 ものを分類する　Sort ……106
- 02 整理2 ものを離す　Separate ……108
- 03 整理3 それは今日使うのか　Use ……110
- 04 整頓1 ものを使いやすく置く　Place ……112
- 05 整頓2 すぐに手に取る　Pick(up) ……114
- 06 整頓3 ラクに元に戻す　Return ……116
- 07 清掃1 職場をきれいにする　Clean ……118
- 08 清掃2 現場を輝かせる　Shine ……120
- 09 清掃3 拭いてきれいにする　Wipe ……122
- 10 清掃4 床をモップがけする　Mop ……124
- 11 清潔1 活動を標準化する　Standardize ……126
- 12 清潔2 活動を継続する　Continue ……128
- 13 しつけ 活動を持続させる　Sustain ……130
- イラストで読み解こう⑨　7つのムダ ……134
- イラストで読み解こう⑩　多品種少量生産 ……136
- イラストで読み解こう⑪　スキルマップ ……140

第5章 現場で作業（1）
手作業、機械・工具を扱う

- 01 さまざまな調整を施す　Adjust ……146
- 02 どうやって組み立てる　Assemble ……148
- 03 ラベルを貼る　Attach ……150
- 04 鉄板を曲げる　Bend ……152
- 05 大きな声で数える　Count ……154
- 06 電線でつなぐ　Connect ……156

07	鉄を切る　Cut	158
08	いくつかの機械を扱う　Handle	160
09	自動停止装置を取り付ける　Install	162
10	機械を稼動する　Run	164
11	イヤな揺れ方をする　Shake	166
12	生産ラインを止める　Stop	168
13	レンチを一緒に使う　Share	170
14	機械を立ち上げる　Turn(on)	172
15	油紙で包む　Wrap	174

イラストで読み解こう⑫　標準作業票 ……… 178
イラストで読み解こう⑬　工場の至るところに在庫がある ……… 180
イラストで読み解こう⑭　ジャスト・イン・タイムのコンセプト ……… 182

第6章　現場で作業（2）
人の動き

01	部品を持ってくる　Bring	190
02	正しい数量を計算する　Calculate	192
03	工場の特徴を述べる　Describe	194
04	組立工程に入る　Enter	196
05	現場で説明する　Explain	198
06	問題について話し合う　Discuss	200
07	両手でしっかりつかむ　Grab	202
08	品質を検査する　Inspect	204
09	検査を記録する　Record	206
10	ドアを叩きつけない　Slam	208
11	部品を運ぶ　Transport	210
12	注意して見る　Watch	212
13	見たことを書き出す　Write	214

| イラストで読み解こう ⑮ | 生産平準化 | 216 |
| イラストで読み解こう ⑯ | 自働化 | 220 |

製造現場必須ボキャブラリー

- **01** 動詞──工場の作業で頻繁に使う32例 226
- **02** Just-In-Time（JIT）　ジャスト・イン・タイム 234
- **03** Production Leveling　生産平準化 237
- **04** Autonomation　自働化 239
- **05** QC activity　QC活動 241
- **06** OJT　オー・ジェイ・ティ 242
- **07** Off-JT　オフ・ジェイ・ティ 243

現場でよく使う専門用語・単語・表現の索引 246

COLUMN　プラクティカルな英語学習

- ① できる人は没頭している 38
- ② 基本をマスターする 68
- ③ 「話す」と「聞く」はセットで 76
- ④ インプットしたらアウトプットを 102
- ⑤ 矛盾している2つのこと──実は両方とも正しいのです 132
- ⑥ 避けることはできない──恥ずかしい思い、気まずい思い(1) 142
- ⑦ 避けることはできない──恥ずかしい思い、気まずい思い(2) 176
- ⑧ 目標を設定して、そこへ到達する 186
- ⑨ 業務移管が進まない 222
- ⑩ 組織としての英語学習──どう取り組めばいいのか 244

装幀：小口翔平＋岩永香穂（tobufune）
本文デザイン・DTP組版：高橋明香（おかっぱ製作所）
イラスト：村山宇希（ぽるか）
編集協力：須藤晶子

ナレーション：Howard Colefield & Jack Merluzzi
録音・編集：ELEC録音スタジオ
音声収録時間：約54分

本書の構成と使い方

本書は、生産の現場で必要な英会話、英語表現をイラストとともに覚えるための本です。イメージを頭に焼き付けながら、必要な表現を身に付けていきましょう。まずは本書の構成と使い方をご紹介します。

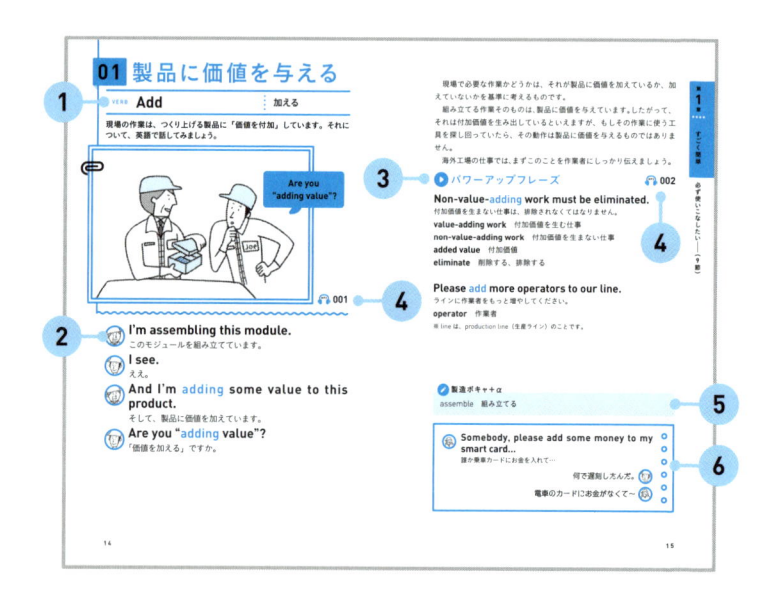

1 動詞
節ごとに1つの動詞を取り上げています。一般的にも馴染みのある語ばかりですが、現場ではどのような意味で使われるかを確認しましょう。

2 会話センテンス
各節で取り上げた動詞を使った会話センテンスです。何度も読み返し、実際に口に出していってみましょう。

3 パワーアップフレーズ
「会話センテンス」とは別に、現場で使える表現を紹介しています。

4 トラック番号
「会話センテンス」と「パワーアップフレーズ」の英文は、MP3音声がサイトから無料ダウンロードできます。ダウンロードの仕方は、2ページをご覧ください。

5 製造ボキャ＋α
「会話センテンス」や「パワーアップフレーズ」に出てくる単語や表現をピックアップして紹介しています。

6 バディとジョウの会話
取り上げた動詞が登場する会話です。学習の息抜きとしてお楽しみください。

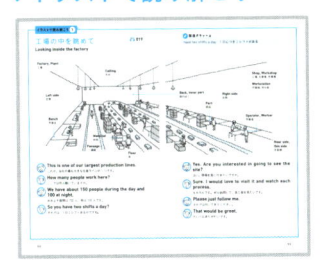

▶イラストで読み解こう
「イラストで読み解こう」は、現場のさまざまな場面に焦点を当てたイラスト・図を中心に据えたページです。動詞のページより長めの会話センテンスが収録されていますので、目と耳で現場の雰囲気を感じてください。

▶製造現場ボキャブラリー
現場で使う専門的な動詞とそれを使ったセンテンスのほか、生産手法やQC活動などに関連する用語や表現を紹介しています。

▶現場でよく使う専門用語・単語・表現の索引
本書に登場した用語や表現の索引です。日本語から引けるようになっています。名詞を中心に取り上げていますので、動詞については、本文や「製造現場ボキャブラリー」を参考にしてください。

CHARACTERS

登場人物紹介

本書に登場する3人のキャラクターをご紹介します。

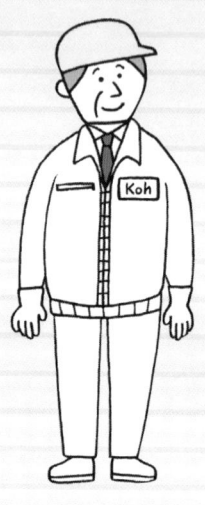

コウ（Koh）：
副工場長

ものづくり一筋30年のベテラン社員。海外工場での経験も豊富です。堂々として、頼りがいのある人です。

ジョウ（Joe）：主任

若手のホープ社員。最近、工場に赴任し、生産部門で管理者となるべく、熱心に業務を学んでいます。後輩バディの指導にも責任を持っています。

バディ（Buddy）：
見習い中

工場に採用され、ジョウに仕事を教わっています。いつもマイペースで、おっちょこちょいですが、高いモチベーションで仕事に励み、皆から愛されています。

第 **1** 章

すごく簡単
必ず使いこなしたい

　おそらく多くの人が簡単と感じる動詞と、それを用いた表現から学んでいきます。
　この章を見て、簡単すぎると感じ、他の章へ移りたいと思う方もいるかもしれませんが、実は、本章で紹介しているような汎用性の高い動詞と、それを使った会話センテンスを使いこなせることが、生産現場の英会話を習得する秘訣です。

　使いこなせるというのは、本章を見なくても「本章の動詞やセンテンスをそのまま、あるいは応用して話せる」ことです。読んで理解するところで終わってしまうのは、あまりにもったいないですから、音声もよく聴いて、何も見なくても話せるようになるまで練習しましょう。
　ここで取り上げているのは、どれも多くの場面で使える動詞です。会話センテンスもシンプルで覚えやすいのですが、マスターするごとに、基礎的な力が身に付くでしょう。
　実際のところ、本章の9節すべてを使いこなせるようになれば、すでに、かなりいい線をいっているのです。それぞれの節を丁寧に見ていきましょう。

01 製品に価値を与える

| VERB **Add** | 加える |

現場の作業は、つくり上げる製品に「価値を付加」しています。それについて、英語で話してみましょう。

Are you "adding value"?

🎧 001

I'm assembling this module.
このモジュールを組み立てています。

I see.
ええ。

And I'm adding some value to this product.
そして、製品に価値を加えています。

Are you "adding value"?
「価値を加える」ですか。

現場で必要な作業かどうかは、それが製品に価値を加えているか、加えていないかを基準に考えるものです。

　組み立てる作業そのものは、製品に価値を与えています。したがって、それは付加価値を生み出しているといえますが、もしその作業に使う工具を探し回っていたら、その動作は製品に価値を与えるものではありません。

　海外工場の仕事では、まずこのことを作業者にしっかり伝えましょう。

▶ パワーアップフレーズ　　🎧 002

Non-value-adding work must be eliminated.
付加価値を生まない仕事は、排除されなくてはなりません。
value-adding work　付加価値を生む仕事
non-value-adding work　付加価値を生まない仕事
added value　付加価値
eliminate　削除する、排除する

Please add more operators to our line.
ラインに作業者をもっと増やしてください。
operator　作業者
※ line は、production line（生産ライン）のことです。

✏ 製造ボキャ＋α
assemble　組み立てる

Somebody, please add some money to my smart card...
誰か乗車カードにお金を入れて…

何で遅刻したんだ。

電車のカードにお金がなくて〜

第1章　すごく簡単　必ず使いこなしたい

02 顧客の需要に応じる

VERB **Meet** : 見合う、対応する

顧客、市場の需要に応じた生産を行います。そのことを工場の従業員に伝えるセンテンスを学びます。

What's most difficult about meeting customer demands?

003

Every product is made to meet customer demands.
すべての製品は、顧客の需要に見合うように、つくられています。

What's most difficult about meeting customer demands?
顧客の需要に合わせることで、最も難しいのは何ですか。

We often have to meet changing demands.
いつも変動する需要に合わせなくてはいけないことです。

I see.
なるほど。

「見合う」という表現に用いるのが、meet です。コウとジョウの会話には、meet を用いたセンテンスが 3 つあります。こうしたいくつかのパターンを覚えて、使いこなせるようにしましょう。

▶ パワーアップフレーズ 🎧 004

加えて 2 つほどセンテンスを見てみましょう。

Is our current product meeting existing market demand?
現行の製品は、既存の市場の需要に見合っていますか。

Our supplier's material meets our quality standards.
サプライヤーの材料は、当社の品質基準に見合っています。

以下は、「(人などと) 会う」という意味で meet を使っている例です。

They meet after work to discuss the quality issues.
彼らは、品質問題を話し合うため、業務の後に会っています。

QC-circle members meet periodically.
QC (= Quality Control、→ 241 ページ) サークルのメンバーは、定期的に会います。

🖊 製造ボキャ+α

demand　需要、要望／ existing　既存の、現存する／ quality　品質／ issue　課題、問題／ discuss　協議する、話し合う／ periodically　定期的に

This chocolate meets my demand.
このチョコレートは、ボクの需要に合っている。

What are you bringing into this place!?
ここに何を持ち込んでるんだ。

第 1 章　すごく簡単　必ず使いこなしたい

03 事故を防ぐ

VERB Prevent　　防ぐ、予防する

生産現場で防ぎたいことには、どんなことがあるでしょうか。コウとジョウの会話を見てみましょう。

> I would like to prevent accidents and overproduction.

005

- **What would you most like to prevent from happening in your factory?**
  工場で起こることで、最も防ぎたいのは何ですか。
- **I would like to prevent accidents and overproduction.**
  事故と、つくりすぎを防ぎたいです。
- **They are good answers.**
  よい答えです。
- **We work hard everyday to avoid them.**
  それが起きないように、日々努力しています。

工場で起きてほしくないことには、まず事故などの災害があります。「事故を防ぐ」というフレーズは、口をすっぱくして繰り返し述べるくらいでもよいでしょう。

　ここでは「つくりすぎ」を防ぐことについても言及されています。本書で学んでいきますが、「つくりすぎ」はたくさんのムダをもたらすことになりますから、災害とは別の意味で、未然に防ぐことが大事です。

▶ パワーアップフレーズ　　🎧 006

短いセンテンスを確実に押さえましょう。

Try to prevent defects.
不良を予防しなさい。

We try to prevent any kind of waste.
どんなムダも防ごうとしています。

ロジカルに説明するなら、こんなセンテンスを参考にしましょう。

It's difficult to prevent accidents if you are careless.
不注意だと、事故を防ぐのは難しいです。

We must prevent overproduction so as to avoid any secondary difficulties.
二次的な問題も避けるために、つくりすぎは防がなくてはなりません。

✏️ 製造ボキャ+α

overproduction　つくりすぎ／ avoid　防ぐ／ defect　不良、不良品／ waste　ムダ

I'm trying to prevent being late in the morning.
朝、遅刻しないように努めています。

It's good you are honest.
正直でよろしい。

第1章　すごく簡単　必ず使いこなしたい

04 出荷が遅れる

VERB **Delay** 遅らせる、延ばす

生産の現場では、いつでも気にしなくてはいけないことです。遅れの発生は避けたいのですが、もしそうなったら、どう話すのでしょうか。

> Heavy rain has delayed our schedule.

The shipment was delayed for one day.
出荷が一日遅れました。

Was this because of a delay in production?
生産の遅れが原因ですか。

Heavy rain has delayed our schedule.
豪雨がスケジュールを遅らせました。

I didn't really expect the storm to delay our production.
嵐が生産を遅らせるとは、まったく予期していませんでした。

「遅れる」というのは、聞きたくないし、いいたくありませんが、よく使う表現になってしまうこともあるでしょう。もちろん遅れたら、そのことはしっかり伝えなくてはいけませんから、表現の仕方は確実に覚えておきましょう。

▶ パワーアップフレーズ 🎧 008

もう少しセンテンスを見てみましょう。

We must delay production until three o'clock.
3時まで生産を遅らせないといけません。

Our rework delayed the delivery schedule.
やり直しが、配送スケジュールを遅らせました。

Why did you delay repairing the filling machine?
なぜ充填機の修理を遅らせたのですか。

delayを名詞として使った場合の表現です。

Are you causing a delay?
遅延を起こしていますか。

We have a 30-minute delay.
30分の遅れがあります。

✏ 製造ボキャ＋α

expect　予期する、期待する／ rework　やり直すこと、やり直し

My alarm clock delayed ringing for about 45 minutes...
目覚まし時計が鳴るのが、約45分遅れました…

いいかげんなことをいうな〜

05 操作を学びはじめる

VERB Start　　　　　　はじめる、開始する

Start doing で「…しはじめる」という表現です。比較的簡単ですので、使いこなして会話をスムーズにしましょう。

> We will start using robots in this section soon.

009

We will start using robots in this section soon.
このセクションで、まもなくロボットを使いはじめます。

We will start learning how to operate them next week.
来週、操作の仕方を学びはじめます。

I think we will need a good learning plan.
よい学習の計画がいると思います。

Sure. Then, let's start by making a program.
そうですね。それではプログラムをつくりはじめましょう。

「そろそろはじめます」「はじめる予定です」という伝達は、共同作業では頻繁に行うことになります。その表現のために、start doing を覚えましょう。

▶ パワーアップフレーズ　🎧 010

短いセンテンスも確実に押さえましょう。

Please start the engine.
エンジンを始動してください。

You may start again.
再度はじめてもいいです。

次の3つのセンテンスを続けて話せるでしょうか。

I started as an operator in the rubber-producing section.
私は、ゴム生産のセクションで、作業者として（勤務を）はじめました。

I only had a single skill when I started.
はじめたときは、単能工でした。

Now I'm a multi-skilled operator and teach new people who have just started.
現在は多能工で、（勤務を）はじめたばかりの新人を教えています。

> 🖊 **製造ボキャ＋α**
>
> single skill　単能（single skilled …　なら「単能の…」）／
> multi-skilled …　多能な…

> 👤 **During the break, I started drinking soda, then I wanted some oolong tea, and then...**
> 休憩中に、ソーダを飲みはじめたら、ウーロン茶がほしくなって、それから…
>
> 👤 **What is this guy talking about?**
> 何をいってるんだ、この人は。

第1章　すごく簡単　必ず使いこなしたい

06 仕掛品在庫と呼ぶ

VERB Call　　　呼ぶ、称する

「…と呼んでいます」「…と呼ばれています」という表現です。何かを説明するときに、よく使うことになるでしょう。

> It's generally called WIP inventory.

011

Have you heard of "work-in-progress inventory"?
「ワーク・イン・プログレス在庫（仕掛品在庫の意）」というのを聞いたことはありますか。

Yes. It's generally called WIP inventory.
はい。一般にダブリュ・アイ・ピー在庫と呼ばれます。

I see.
そうですか。

It's also called "work-in-process inventory."
「ワーク・イン・プロセス在庫（同じく仕掛品在庫の意）」とも呼ばれます。

使いこなせると、英会話がとても上手に聞こえます。発音も合わせてよく練習しましょう。しっかりと発音して、丁寧に説明するという意識が大切です。

コウとジョウの会話センテンスは、すべて短いものばかりですが、こうしたフレーズを確実に使えることが上達の秘訣です。

▶ パワーアップフレーズ　🎧 012

以下の4つのセンテンスは、スクリュードライバーに関する会話です。call が3回出てきています。

What do you call this thing?
これを何と呼びますか。

It's a flathead screwdriver.
フラットヘッド（マイナスの）スクリュードライバーです。

It's also called a minus-driver in Japanese-English.
和製英語（日本で使われる英語）では、マイナスドライバーとも呼ばれます。

We also call a Phillips screwdriver a plus-driver in Japanese-English.
和製英語では、フィリップス・スクリュードライバーをプラスドライバーとも呼びます。

✏ 製造ボキャ＋α
inventory　在庫／ generally　全体として、一般に

What should I call you?
君を何と呼べばいいかな。

Please call me Mr. Buddy.
ミスター・バディと呼んでください。

あれれ〜（ずっこける）

第1章　すごく簡単　必ず使いこなしたい

07 業務や安全性を改善する

VERB Improve ： 改善する、向上する

「改善する」という表現は、生産現場で日常的に使うことになるはずです。いくつかの言い回しを覚え、応用できるようにしましょう。

> "Improvement" is such an important word in our factory.

013

Our efficiency and productivity must be improved.
当社の能率と生産性は、向上しなくてはなりません。

We are making a lot of effort to improve them.
改善するために、多くの努力をしています。

We have quality circle activities to improve our work methods and safety.
仕事の仕方や安全性を改善するために、QC活動があります。

"Improvement" is such an important word in our factory.
「改善」は、当社工場では、とても大事な言葉です。

会話に登場している ... must be improved. というフレーズや、to improve の後に「改善したい事柄」を続けて使うことはよくあります。しっかりと覚えましょう。
　実際のところ、工場では、何もかもが改善の対象になります。

▶ パワーアップフレーズ　　🎧 014

　どんなことを改善するのでしょうか。3つほど例を見てみましょう。

Improve work efficiency.
業務の能率を改善しなさい。

Improve production efficiency.
生産効率を改善しなさい。

Increase efficiency.
能率を上げなさい。

　名詞として使った場合の表現です。

What kind of improvements have you made in the past few months?
過去数ヶ月で、どんな改善を実現しましたか。

We must make some improvements in handling these machines.
これらの機械の扱いについて、改善をしないといけません。

✏ 製造ボキャ＋α

efficiency　能率、効率／ productivity　生産性、生産力／ handle　操作する、取り扱う

I think I'm improving a lot!
ボクは、とてもよくなっていると思う。

　　　　　　　　　　　　自分でいうなよ

第1章　すごく簡単　必ず使いこなしたい

08 よい状態を維持する

VERB **Keep** : 維持する、保つ

簡単に使えそうに思えるのではないでしょうか。生産現場では、どのような使い方をするのか見てみましょう。

> Everyone keeps our maintenance rules.

015

- **We try to keep our equipment in good working order.**
  設備をよい具合に維持するようにしています。
- **Everyone keeps our maintenance rules.**
  誰もがメンテナンスのルールを守ります。
- **At the same time we keep our work-site clean.**
  同時に、職場をきれいに保ちます。
- **Keeping up good behavior is part of our culture.**
  よい行動を維持するのは、私たちの文化の一部です。

ここでは、keep を「維持する」「保つ」という意味で使った例文を紹介しています。現場について説明するときに加え、管理者として部下に指示を与えるシーンなどをイメージすると、便利に使えることがよくわかるのではないでしょうか。覚えやすいと感じたセンテンスは丸覚えしましょう。

▶ パワーアップフレーズ　🎧 016

We keep the production flow running.
私たちは、生産の流れを維持します。

We keep the same production speed as our customer's assembly plant.
私たちは、顧客の組立工場と同じ生産のスピードを維持します。

「持っておく」「置いておく」という意味で keep を使ったセンテンスも見てみましょう。

I only keep a minimum inventory in my process.
自分の工程には、最少の在庫しか置いていません。

Where is the best place to keep these sprays?
これらのスプレーの保管に、最適な場所はどこですか。

✏️ 製造ボキャ＋α
behavior　振る舞い、行動／worksite　職場、現場／flow　流れ（→ 235 ページ）／assembly　組み立て（ること）

🧑 I keep looking forward to the bacon and lettuce sandwich for lunch.
ランチのベーコンレタス・サンドイッチをずっと楽しみにしてます。

楽しみにすることがあっていいなぁ〜 🧑

第 1 章　すごく簡単　必ず使いこなしたい

09 なぜ問題が起きるか自問する

VERB **Ask** : 問う、尋ねる

一般的な会話でも、頻繁に使う動詞です。生産現場では、どのような表現に用いるのでしょうか。

> But you also have to ask yourself questions.

017

Sorry, I'm asking a lot of questions.
たくさん質問をしてすみません。

Don't worry. But you also have to ask yourself questions.
気にしないで。でも、自分自身にも聞いてみてください。

What do you mean?
どういう意味ですか。

You must also ask yourself why this problem occurs.
なぜこの問題が起きるのか、自分にも問わなくてはいけません。

askは、Can I ask ...? や Let me ask .... といった構文で使うことが多いのですが、生産現場でよく使う表現には ask why（なぜと問う）があります。なぜ不良ができるのか、なぜやり直しになるのか、といったことを「なぜと問う」ことで改善をしていくのです。

　ask why five times（なぜと5回問う）という表現も、工場の改善に使われます。たとえば、「なぜ不良ができたのか→機械がわずかに傾いていたから→なぜ傾いていたのか→機械が振動していたから→なぜ振動していたのか→埃を吸い込んでいたから」と続けて、本当に対策を講じるべき問題を追求していくのです。

▶ パワーアップフレーズ　　　🎧 018

We found the cause of the problem by asking lots of questions.
何度も質問をして、問題の原因を見出しました。

We must keep asking why a problem occurs.
なぜ問題が起きるのか、問い続けなくてはなりません。

🖉 製造ボキャ＋α
occur　生じる、発生する／ cause　理由、原因

Ask me anything. I know everything!
何でも聞いてね。すべてわかりますから。

　　　　　　　　　　　　ホントかぁ〜

イラストで読み解こう 1

工場の中を眺めて

🎧 019

Looking inside the factory

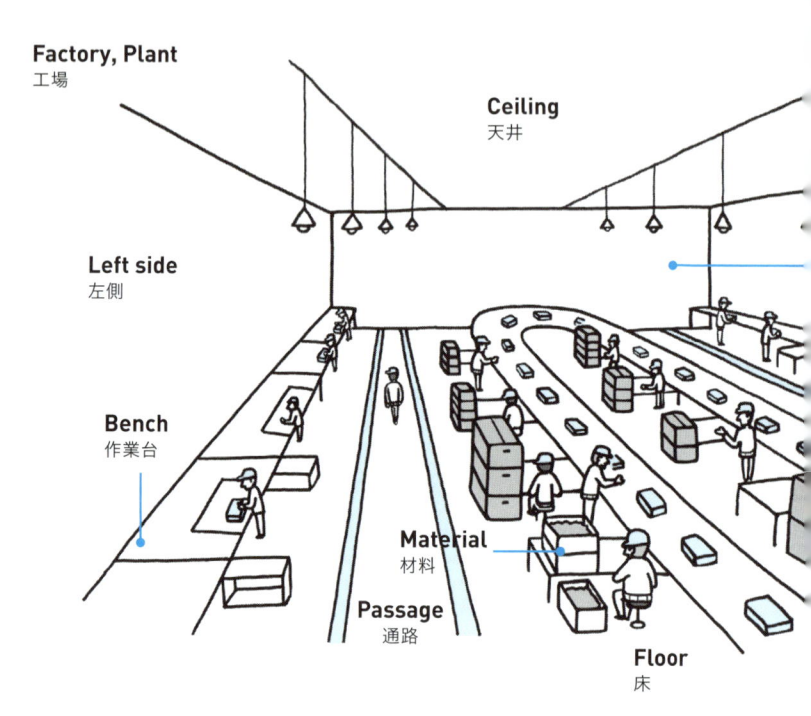

Factory, Plant
工場

Ceiling
天井

Left side
左側

Bench
作業台

Material
材料

Passage
通路

Floor
床

This is one of our largest production lines.
これが、当社の最も大きな生産ラインの1つです。

How many people work here?
ここでは何人働いていますか。

We have about 150 people during the day and 100 at night.
おおよそ昼間は150人、夜は100人です。

So you have two shifts a day?
それでは、1日2シフトあるのですね。

製造ボキャ＋α

have two shifts a day　1日につき2シフトがある

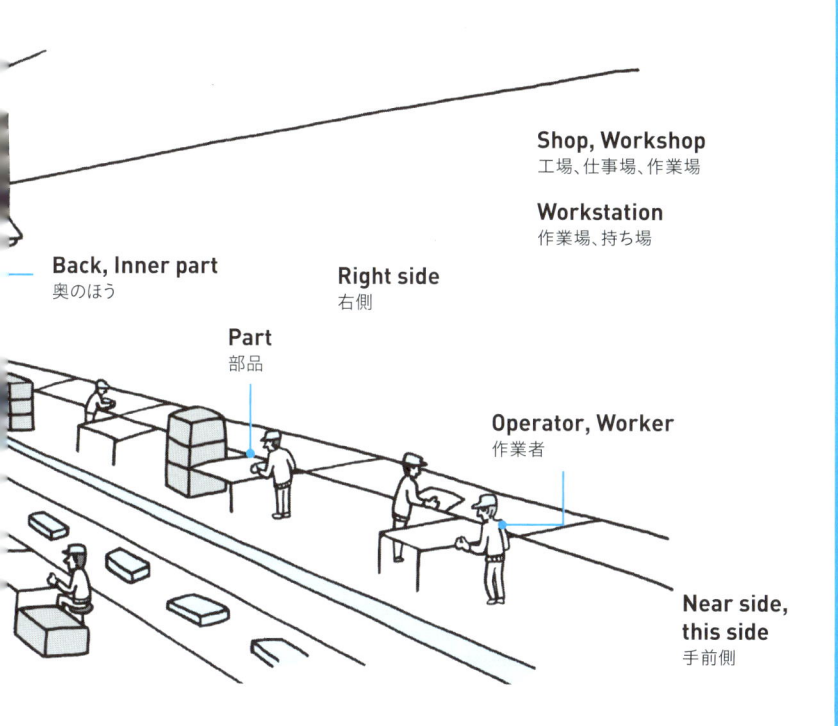

Shop, Workshop
工場、仕事場、作業場

Workstation
作業場、持ち場

Back, Inner part
奥のほう

Right side
右側

Part
部品

Operator, Worker
作業者

Near side, this side
手前側

Yes. Are you interested in going to see the site?
はい。現場を見に行きたいですか。

Sure. I would love to visit it and watch each process.
もちろんです。ぜひ訪問して、各工程を見たいです。

Please just follow me.
それでは付いてきてください。

That would be great.
たいへんありがたいです。

イラストで読み解こう ❷

生産ライン1

🎧 020

Production line 1

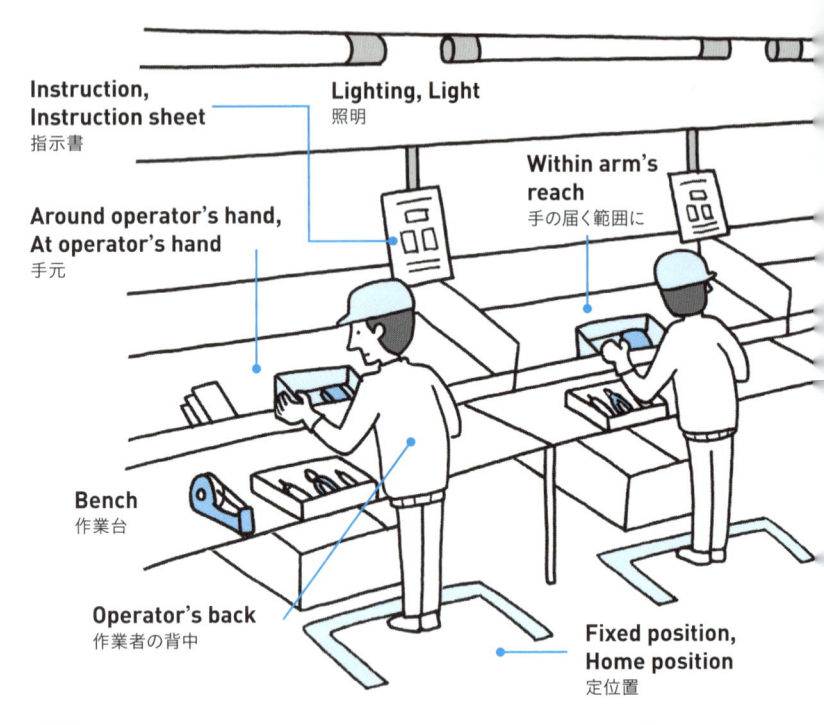

Instruction, Instruction sheet
指示書

Lighting, Light
照明

Around operator's hand, At operator's hand
手元

Within arm's reach
手の届く範囲に

Bench
作業台

Operator's back
作業者の背中

Fixed position, Home position
定位置

Do people stand to do their work here?
ここで作業者は、立って仕事をするのですか。

Yes. It's usual in our factory.
はい。当社の工場では、これが普通です。

Are they all making the same products?
皆、同じ製品をつくっているのですか。

Yes. They are assembling the same things.
ええ。同じものを組み立てています。

I see that each operator has everything within arm's reach.
作業者は皆、すべてを手の届く範囲に置いていますね。

製造ボキャ+α

within arm's reach　手の届くところに、腕の届く範囲に（within ... で「…以内に」）／ minimize　最小限に抑える、最小化する

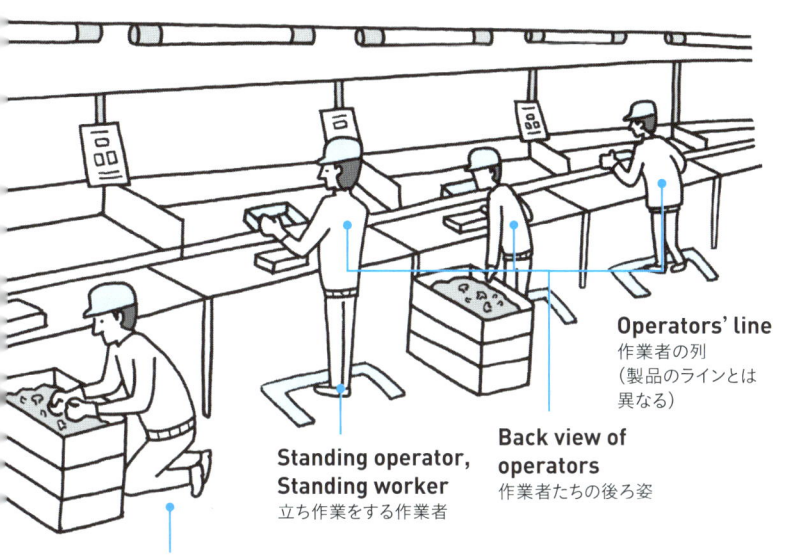

Operators' line
作業者の列
（製品のラインとは異なる）

Back view of operators
作業者たちの後ろ姿

Standing operator, Standing worker
立ち作業をする作業者

Around operator's foot, At operator's foot
足元

Sure. This way they don't have to move around.
そうです。こうすれば動き回らずに済みます。

So the worksite is designed to minimize waste?
なるほど、現場はムダを最小化するように、つくられているのですね。

Yes. We are trying to make our work as efficient as possible.
はい。仕事をできるだけ能率的にしようとしています。

イラストで読み解こう 3

生産ライン2
Production line 2

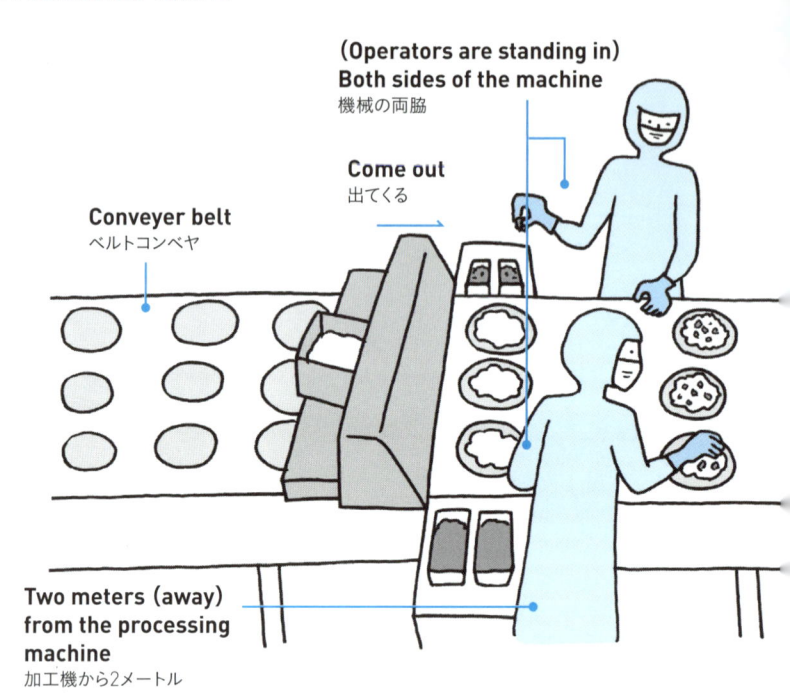

🎧 021

(Operators are standing in) Both sides of the machine
機械の両脇

Come out
出てくる

Conveyer belt
ベルトコンベヤ

Two meters (away) from the processing machine
加工機から2メートル

They are checking and adjusting the shape and appearance of the pizzas.
作業者は、ピザの形と見た目（外観）を確認し、調整しています。

There are lots of them coming out of the machine.
機械からたくさん出てきていますね。

Those pizzas are on the conveyer belt and going into the freezing machine next.
ピザはベルトコンベヤに乗って、次に冷凍機の中へ入っていきます。

Then I suppose they will be packed in cartons?
それからカートンに箱詰めされるのですね。

製造ボキャ＋α

appearance 外観、見た目／ suppose …だと思う、…だと想像する／ work on ... …を扱う、…に取り組む

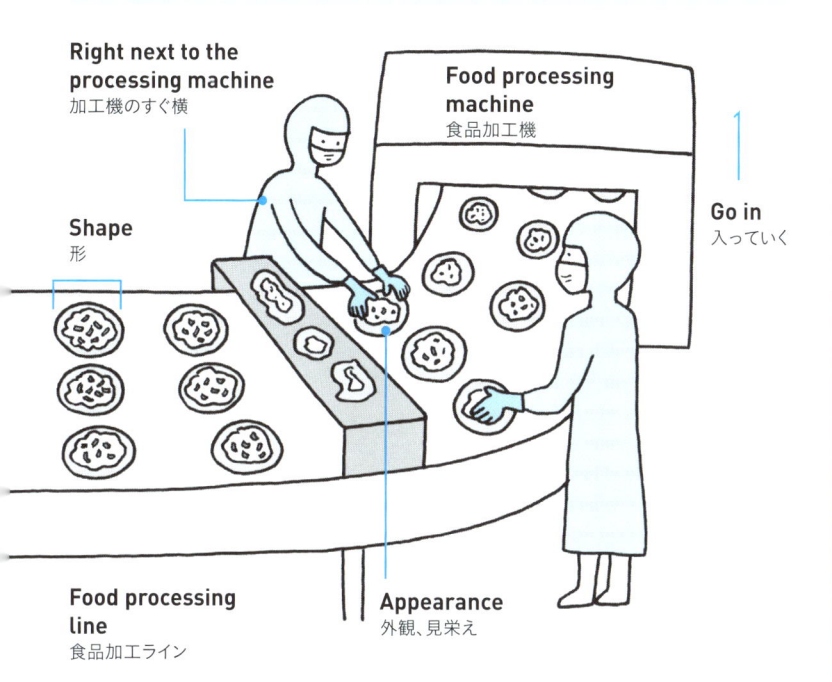

Right next to the processing machine
加工機のすぐ横

Food processing machine
食品加工機

Shape
形

Go in
入っていく

Food processing line
食品加工ライン

Appearance
外観、見栄え

Yes. Now they are making ones with tomato sauce.
はい。今は、トマトソースのピザをつくっています。

Do they work on different kinds later?
後には、他の種類をつくりますか。

Soon they will make meat pizzas.
もうすぐミートピザをつくりますよ。

I see. They make many kinds of pizza on the same line.
そうですか。同じラインで、たくさんの種類のピザをつくるのですね。

> **COLUMN**　プラクティカルな英語学習 ①

できる人は没頭している

　生産現場にいても、学び取る気がなければ、何も理解できないのと同じで、英語も、本当に覚える気がなければ身に付きにくいものです。英語圏に住んでいても、英語を使う環境で仕事をしていても同じことです。努力しなくても覚えられるのは、幼少から、せいぜい高校生くらいまでの間です。それ以降は、どんなにいい先生がいようと、どんなに優れた教材があろうと、本人がその気で取り組まないと、なかなか上手になっていきません。

　これが語学習得の難しいところです。企業でも、英語が必要といってその必要性を説き、お金をかけて教育しようとしますが、学習する人たちに本気で習得する気がなければ、残念ながら成果は挙がってきません。
　TOEICなどの試験準備をして、選択問題の答えを選び、スコアが何点になったといってお茶を濁していることが多いのではないでしょうか。
　英語を身に付けるのはスキルの習得ですから、試験問題に正解するだけで上達を見込めるものではありません。使いこなせるようになるためには、少なくとも一定期間は没頭して訓練を行う必要があります。英語に接していないと気分がわるくなるくらいがいいのです。上達する人は、自分でいろんな機会を探して、効果的な方法を見つけようとしているものです。そうでない人は、会社で強制的に研修を受けさせられても、受け身の姿勢しか取れず、「研修には辞書を持ってきてください」などといわれる始末です（今日では辞書がスマホ等に入っているとは思いますが）。いわれないと辞書すら持ってこないなんて、それはもうその時点でかなり無理があります。

　サッカーの三浦知良(かずよし)選手が、著書（※1）の中で（10代で留学してプロになった）ブラジルで得たものは、「ハングリー精神をもってい

つもやらなきゃいけないこと、危機感ですね。明日はいまのポジションないぞという危機感をもっていつもやっていた」と語られています。

同じように取り組めば、誰もが活躍できるかといえば、そうではありませんが、三浦知良さんのような大選手がそれほどに没頭されていたのですから、凡人がたまに練習するだけで、いい成績なんて出るはずがないですよね。

昔の話ですが、私は長年憧れていた世界的に有名なヘビーメタルバンド・ラウドネスのギタリスト高崎晃さんが、ロサンゼルスで滞在されていたホテルの部屋に入れてもらったことがあります。高崎さんはとてもリラックスされて、同じ部屋の中にいた人たちと何時間も談笑されていたのですが、その間もずっとギターを弾かれていました。

周囲の人たちの話では、高崎さんがいつもギターを抱えているのは、ごく普通のことで、昔からずっと変わらないとのことでした。

私には、他にも、プロになりたがっていたギタリストの友人がいて、相当にうまい人でしたが、彼も仕事の休憩時間には、いつも自分の車の中でギターを弾いていました。それをしないと落ち着かない様子だったのを覚えています。

このことを考えると、会社からの命令で、たとえば英会話スクールへ行き、週1回、1、2時間のレッスンを受けているだけでは、英語が上達するなんて無理とわかるわけです。他に日々やっていることがあって、英会話スクールは週1日だけというならわかりますが。

超一流の人たちと比べるのは極端すぎるかもしれませんが、子供の頃から親しんでいるのでなければ、高いモチベーションを持っていないと、英語というスキルを身に付けるのは難しくなってしまいます。

(※1)『おはぎ』三浦知良（著）講談社、2005年

第 **2** 章

生産ノウハウ（1）
アイディア、考え方

　生産活動には、QCD（Quality——品質向上、Cost——コスト低減、Delivery——納期短縮）を強化するためのコンセプト（アイディアや考え方）があります。
　本章では、その中でも基本的かつ、海外拠点で必ず説明が必要になるものを紹介していきます。

　アイディアや考え方といっても、机上の空論のようなものでなく、日々の生産業務で行っている活動の必要性を裏付ける「現場で働く人なら、誰もが理解しておきたい内容」で、実用的です。

　コウとジョウの会話やパワーアップフレーズなどから、いえそうでいえない表現も見つけることができるはずです。じっくりと取り組んでみましょう。

01 コストを削減する

VERB　Reduce　　削減する、減らす

どんなものを「削減する」と表現することが多いのでしょうか。生産現場で削減するのは、コスト、ムダ、人員数、間違いなどです。

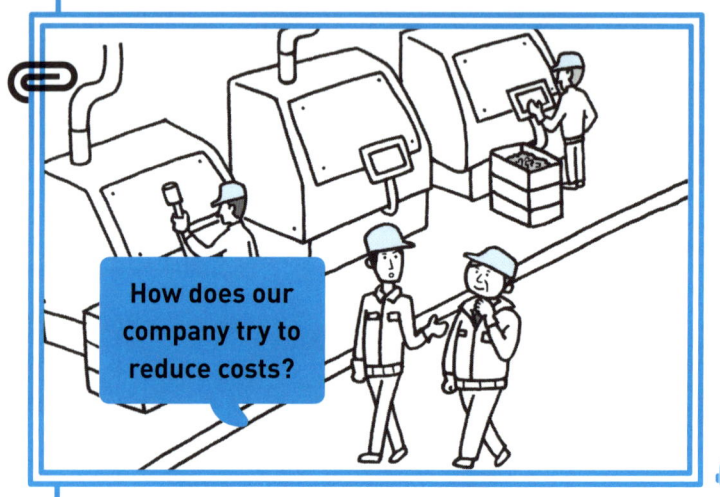

> How does our company try to reduce costs?

022

How does our company try to reduce costs?
当社は、どうやってコストを削減しようとしていますか。

We want to reduce production costs, wasteful activities, mistakes, and so on as much as possible.
生産コスト、ムダな活動、ミスなどをできるだけ減らしたいです。

I heard that pull production might reduce the inventories in our processes.
プル生産は、工程にある在庫を減らすかもしれないと聞きました。

Yes, and it also reduces the number of operators in the production lines.
はい、そして生産ラインの作業者数も削減します。

　コウとジョウの会話センテンスで、「削減する」と述べるときの具体的な表現を押さえましょう。

　特に海外の生産現場では、「コストを削減する」「在庫を削減する」と話していると、それなら人員も削減することになるだろうから、自分の立場が危うくなるのかと勘ぐる人が出てきます。そういうときには、人員削減をしたいのではなく、競争力を高めて、受注を増やすのが目的だと説明しなくてはなりません。

▶ パワーアップフレーズ　　023

We cut transport waste in half by creating a new production layout.
新しい生産レイアウトをつくり上げ、運搬のムダを半分に削りました。

Work-in-process inventory was reduced by up to 50% by adopting the pull-production system.
プル生産システムを採用することで、仕掛品在庫が50％まで削減されました。

🖉 製造ボキャ＋α

wasteful　ムダな／ pull production　プル生産（＝生産の全工程が、最終工程の必要とするペースに合わせて生産する方法）／ adopt　採用する、導入する

If I make improvements and reduce the number of people, will I get fired?
改善をして、人員数を減らしたら、ボクはクビになるのか。

Don't worry, it won't happen.
それは起きないから、心配いらないよ。

How do you know it won't?
何で、ないってわかるの。

　　　　　　　　　　　　　　　　　　　　す、鋭すぎる

第2章　生産ノウハウ(1)　アイディア、考え方

02 不必要な在庫を排除する

VERB Eliminate　　排除する

在庫をなくしたいときは、日本語では「排除する」といい、英語ではeliminate というと覚えておきましょう。

> We have to eliminate unnecessary inventories from all our processes.

024

We don't like having extra inventory.
余分な在庫は持ちたくありません。

We have to eliminate unnecessary inventories from all our processes.
すべての工程から、不必要な在庫を排除しなくてはなりません。

We have to try to eliminate anything wasteful, such as excess inventories and materials.
過剰な在庫や材料のような、あらゆるムダなものを排除しようとすべきです。

There are many other things we need to eliminate or reduce.
他にも排除、低減する必要のあるものが多くあります。

会話センテンスには、「不必要な在庫の排除」という表現に加えて、「ムダの排除」も出てきています。

在庫やムダは、そこに存在していることに理由もあることが多いのですが、その理由（または原因）を明らかにして、いかに少なくしていくかは、生産現場に付きまとうテーマです。

▶ パワーアップフレーズ　🎧 025

頻繁に使うであろうフレーズを見てみましょう。

An ability to identify and eliminate waste
ムダを見出して、排除する能力

Eliminate non-value-adding activities
付加価値を与えない活動を排除する

Eliminate inefficiency
非効率を排除する

Eliminate fluctuation
バラツキ（偏り）を排除する

※バラツキとは、生産品目、生産数量における偏りなどを意味します（→ 238 ページ）。

✏️ 製造ボキャ＋α

extra　余分な／ excess　過剰な、余分な／ inefficiency　非効率性、効率がわるいこと／ fluctuation　偏り

Many sentences have been eliminated from my report...
ボクの報告書から、たくさん文が消された。

There were so many wasteful stories. That's why.
ムダな話が多すぎる。それが理由だよ。

03 異常に反応する

VERB React　　反応する

私たちは、生産の現場で「何に反応する」のでしょうか。それを考えながら、会話センテンスを考察してみましょう。

> We always have to react to any abnormality.

We always have to react to any abnormality.
異常には、いつでも反応しなくてはなりません。

Sure. But, how do you know when things are not normal?
はい。しかし物事が普通でないとき、どのようにわかるのですか。

If anything is different from our standards, it is abnormal.
私たちの標準と異なっていれば、それは異常です。

I see. Now I better understand "reacting to abnormality."
なるほど。「異常に反応する」の意味がよくわかってきました。

会話センテンスにある通り、自分たちの標準と異なることが異常です。そのことを海外工場の人たちに認識してもらうために、しっかりと表現を覚えましょう。

標準と異なることに気付いて、それに反応するためには、何よりもまず標準が存在していないといけません。標準とは、たとえば以下のセンテンス内に登場する「標準作業票」のようなものです。標準作業票と異なる作業の仕方をしていれば、それは異常と見なされます。

▶ パワーアップフレーズ　🎧 027

標準と異なれば、それは異常です。

An operator having more in-process inventory than they should is an abnormality.
作業者が、仕掛品在庫を余分に持っているのは異常です。

We need to react if people are not operating according to the standard work sheet.
作業者が標準作業票にしたがって作業をしていなければ、対応する必要があります。

※ standard work sheet　標準作業票→ 62 ページ
※「イラストで読み解こう」にも「標準作業票」に関する説明があります（→ 178 ページ）。

✏️ 製造ボキャ＋α

abnormality　異常、普通でないこと／ normal　正常な、普通の／ abnormal　異常な／ according to ...　…にしたがって

> **I must react to my own problem. Not so much money left at the end of the month.**
> 自分の問題に対応しなくては。月末には、あんまりお金が残っていない。
>
> **Your pay day is so far away.**
> 給料日は、かなり遠いぞ。

04 同じペースで動く

| VERB | **Move** | 動く |

「動く」という表現の生産現場らしい使い方です。それぞれの工程が同じペースで動けば理想的です。

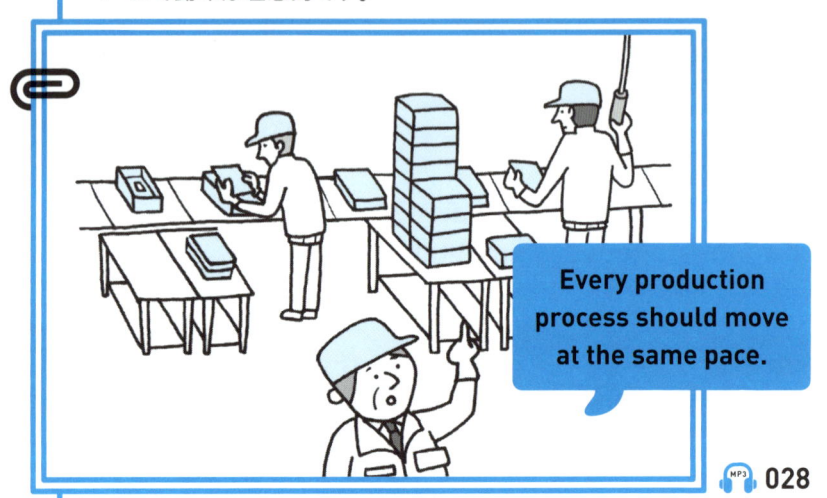

> Every production process should move at the same pace.

028

Every production process should move at the same pace.
すべての生産工程は、同じペースで動くべきです。

What does that mean?
どういう意味ですか。

All processes must ensure a consistent production flow.
すべての工程は、調和した生産の流れを確保しなくてはなりません。

I see. They must move or work at the same speed.
なるほど。同じスピードで動いたり、稼動しないといけませんね。

同じペースで動くというのは、たとえば、後工程が 1 つのものをつくるペースに合わせて、自分の工程も 1 つのものをつくることです。会話の 1 行目は、それが全工程で行われるべきだと話しているわけです。このペースが乱れることにより、工程間には在庫が溜まったり、逆に前工程から必要な部品が届かず、作業できない状態に陥ったりします。

▶ パワーアップフレーズ　　🎧 029

現場で説明する際に使いやすいセンテンスです。実際の現場では、否定形にせざるを得ない状況もあるかもしれません。

They are moving smoothly.
スムーズに動いています。

The whole process is moving continuously.
工程全体が継続的に動いています。

The processes move consistently and efficiently.
工程は、調和して、効率的に動きます。

✏ 製造ボキャ＋α

ensure　確実にする、確保する／ consistent　一貫している、ムラがない、調和した／ continuously　継続的に、連続して

> **People tell me to move fast. But now I know we have to move at the same pace.**
> みんなが、速く動けというんだ。でも今は、同じペースで動かなくてはいけないと知ったよ。
>
> **People tell you because you are slower than others!**
> おまえがみんなより遅いから、いってるんだろ。

第 2 章　生産ノウハウ（1）　アイディア、考え方

05 最終工程のペースで作業する

VERB **Operate** — 作業する、操作する、稼動する

よく使う動詞で、他の節でも出てきますが、ここで一度じっくり見ておきましょう。

> They run a smooth production operation.

030

Each section operates according to the pace of the final assembly process.
各工程は、最終組立工程のペースにしたがって作業します。

They run a smooth production operation.
スムーズな生産作業で稼動しています。

Every process needs to operate in accordance with standard work.
全工程が、標準作業にしたがって作業する必要があります。

Yes. They all have specified rules for operation.
はい。どこにも作業に取り決められたルールがあります。

会話では、「…にしたがって作業する」という表現を取り上げています。前節の「同じペースで動く」に関連して、「最終組立工程のペースにしたがって…」というセンテンスも紹介しています。operate according to ... といった構文として覚えてしまうのもよいでしょう。

▶ パワーアップフレーズ　🎧 031

This site is operated by a small number of people.
この現場は、少人数で動かされています。

We are now able to operate this line with fewer operators.
現在は、より少ない作業者で、このラインを稼動できます。

　機械の操作に関するセンテンスです。

You should be able to operate more than one type of machine.
1種類より多い（2種類以上の）機械を操作できるべきです。

We need experienced workers to operate this old machine.
この古い機械を操作する熟練工が必要です。

🖊 製造ボキャ＋α

in accordance with ...　…にしたがって／ specified　指定された／experienced　経験を積んだ、熟練した

Am I operating the machine or is it operating me?
ボクが機械を操作しているのか、機械がボクを操作しているのか。

急に意味深なことをいうなよ

第2章　生産ノウハウ（1）　アイディア、考え方

06 生産を平準化する

VERB **Level** : 平準化する、平らにする

一般的なビジネスの現場では、あまり聞き慣れない言葉かもしれません。level とは、どういう意味で使う表現なのでしょうか。

> Then we won't know if we can meet our orders.

032

What does "leveling out" mean?
「平準化」とは、どういう意味ですか。

It means evening out all the items and quantities we produce in our factory.
工場で生産するすべての品目と数量を均衡させることです。

What happens if our production is not leveled out?
生産が平準化されていないと、どうなりますか。

Then we won't know if we can meet our orders.
そうでないと、受注に対応できるかわかりません。

さまざまな品目や仕様を受注して、品目や仕様ごとにまとめた生産を行うと、必要な作業者数の違いから、（たとえば、1ヶ月のある時期には大人数が必要なのに、他の時期は必要がないために）ムダが生じたり、（たとえば、前工程からの部品は届いているのに使わない時期ができるために）在庫を溜め込むといった事態が生じることがあります。

　コウとジョウの会話は、複数の品目や仕様を受注したときに、生産の順序を均衡（＝平均化：たとえば、あえて同じ日に複数の品目や仕様を少量ずつ生産）させることについて話しています。

　会話の後半に「平準化されていないと、受注に対応できるかわからない」と話が出ているのは、バラツキのある注文（品目、仕様、数量など）ごとに、うまく生産を進められるか不安だという意味に加え、そうしたバラツキのある生産品に必要な部品等を（たとえば）サプラヤーに要求しても、その通り供給してもらえるかわからない、という意味もあります。

※平準化については「製造現場必須ボキャブラリー」でも説明をしています（→ 237 ページ）。また「イラストで読み解こう」においては、平準化に関する別の会話例を取り上げています（→ 216 ページ）。

▶ パワーアップフレーズ　　🎧 033

平準化されていない状態です。
This production schedule is not leveled.
この生産スケジュールは、平準化されていません。
This schedule is not balanced at all.
このスケジュールは、まったく平衡していません。

✏️ 製造ボキャ＋α

even out　均一にする、平準化する／ quantity　量、数量／ balance　平衡を保たせる

> **My workload is evened out. I'm busy in the morning, but not busy in the afternoon.**
> ボクの仕事量は均衡している。午前中は忙しくて、午後は忙しくない。
>
> **That means your work is not evened out!**
> それは均衡していないってことだ。

第2章　生産ノウハウ（1）アイディア、考え方

07 混流生産を実施する

VERB Practice ： 実施する、実践する

ここでは、混流生産などの生産方法を「実施する」という表現を見てみましょう。

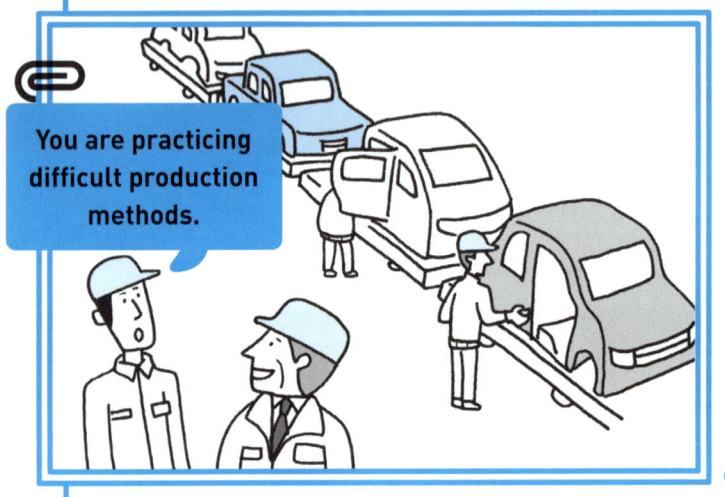

> You are practicing difficult production methods.

034

- **We have started practicing mixed production in small lots here.**
  私たちはここで、小ロットの混流生産をはじめました。

- **Last year one-piece-flow manufacturing was often practiced for some products.**
  昨年は、いくつかの製品において、1個流し製造が頻繁に行われました。

- **You are practicing difficult production methods.**
  難しい生産方法を実施していますね。

- **In the future, we may try to do Just-in-time production.**

将来的には、ジャスト・イン・タイム生産に挑戦するかもしれません。
※ Just-in-time production → 234 ページ

　生産の方式や方法を実施するときには、practice を用いるのが便利です。会話の最後のセンテンスには do が使われていますが、これはもちろん practice に置き換えても大丈夫です。発音にも注意して練習しましょう。

　会話のはじめのセンテンスには、「実施しはじめる」という表現があり、最後のセンテンスには try to do（practice）（実施してみる＝挑戦する）という言い回しが出てきています。

▶ パワーアップフレーズ　　🎧 035

「練習する」という意味で practice を使う例文も見てみましょう。

Do you practice setup changing?
段取り替えの練習はしますか。

It requires a lot of practice.
たくさん練習がいります。

Yes, I have a lot of opportunities to practice at the real site.
はい、実際の現場で練習する機会が多くあります。

※「段取り替え」については、製造現場必須ボキャブラリー「Production Leveling　生産平準化」に解説があります（→ 237 ページ）。

🖊 製造ボキャ＋α
setup　（機械などの）セットアップ／ require　必要とする／ opportunity　機会、チャンス

Hey, everyone. Do you know it's important to practice?
ヘ〜イ、みんな。練習が大事だって知ってるかい。

Who is he speaking to?
あいつは誰に話してるんだ。

08 職場の問題を見出す

VERB Identify　　　見出す、確認する

自分の職場の問題は、どのように見つけるのでしょうか。そんな質問をするときや、答えるときに使う表現です。

> We all have to go to the actual site to find any problems.

036

How do you identify problems at your worksite?
職場でどのように問題を見つけていますか。

We all have to go to the actual site to find any problems.
どんな問題を見つけるにも、皆、実際の現場へ出向かなくてはなりません。

I think it's important to be able to find and solve problems in the production process.
生産工程で問題を見つけ、解決できることが大事だと思います。

Sure, it is.
その通りです。

問題を「見つける」といいたいときは find を用いれば大丈夫ですが、identify を使うと、同じ「見つける」という意味に、「問題として特定する」というニュアンスが加わります。

コウとジョウの会話にもある通り、生産拠点においては、事務所で話し合っているのではなく、「現場に出向いて問題を見出す」のが基本です。

▶ パワーアップフレーズ　　🎧 037

これらのセンテンスは、何を「見出す」と話しているでしょうか。

Identifying unnecessary movement will make us more efficient.
不必要な動きを見つけることは、私たちをより効率的にします。

One activity of our quality circle is to identify safety problems.
QC の活動の 1 つは、安全面の問題を見出すことです。

問題を見出してから行うことは何でしょうか。

The production line should be stopped if a defective part is identified.
不良部品が見つかれば、生産ラインは止められるべきです。

We are here not only to identify problems, but also to develop solutions.
問題を見出すためだけでなく、解決策も考え出すために、ここにいます。

🖊 製造ボキャ＋α

solve 解く、解決する／ defective 不良の、欠陥のある／ not only A but (also) B　A だけでなく B も／ develop a solution　解決策を考える

I identify myself as a hard worker.
ボクは、ハードワーカーで間違いないよ。

本人はそういうつもりか

第2章　生産ノウハウ(1)　アイディア、考え方

09 作業票を描く

VERB Draw　　描く

図表が入った作業票などを描くときの表現です。床に線を引いたりするときにも同じ表現を使います。

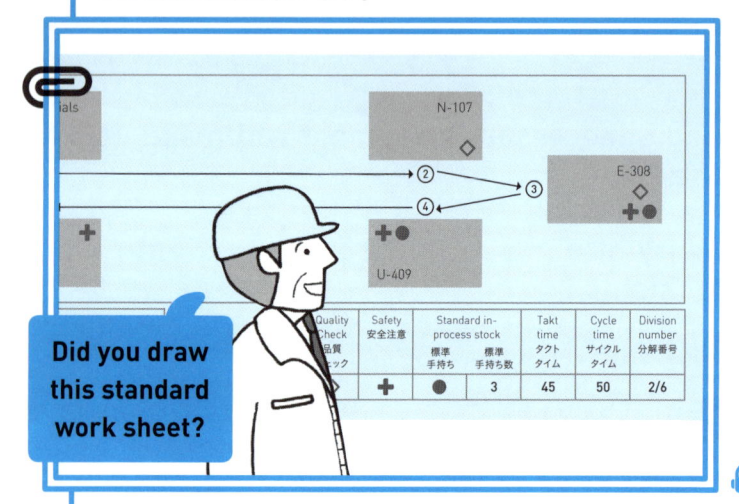

Did you draw this standard work sheet?

038

> **They are drawing white lines on the floor.**
> 床に白いラインを引いています。

> **People can see where to walk and where to put what.**
> 皆がどこを歩いて、どこに何を置くか、わかりますね。

> **Did you draw this standard work sheet?**
> この標準作業票を描きましたか。

> **Yes. I've drawn these a few times, after we've made improvements.**
> はい。改善をした後に、何度か描きました。

ペンキでラインを引くようなときは draw を用います。

紙に何かを書くときは、文字ばかりなら write を使えば大丈夫ですが、図が入っているときには、draw とするほうが適切な場合があります。

会話の最後にジョウが「何度か描いた」と述べているのは、改訂版のことです。

▶ パワーアップフレーズ　🎧 039

Draw a Kaizen map
改善マップ（改善すべきポイントを書き表した図）を描く

日常的な会話です。

I am very poor at drawing.
私は図を描くのが苦手です。

I can't draw very well.
上手に描くことができません。

Ask Mr. Kimura how to draw this.
どう描くのか、木村さんに尋ねなさい。

He is good at it.
彼はそれが上手です。

🖉 製造ボキャ＋α
standard work sheet　標準作業票（→ 62 ページ）／ be good at …　…がうまい、上手である
※「イラストで読み解こう」にも「標準作業票」に関する説明があります（→ 178 ページ）。

I can draw white lines fast!
白いラインをすばやく引けるよ。

Hey! You don't have to draw that fast.
おい、速く引かなくていいんだぞ。

第2章 生産ノウハウ（1） アイディア、考え方

10 標準作業が尺度となる

VERB **Measure** : 尺度となる、測る、評価する

標準作業の役割を表す表現として measure という動詞を見てみましょう。適切性を測るという意味で使います。

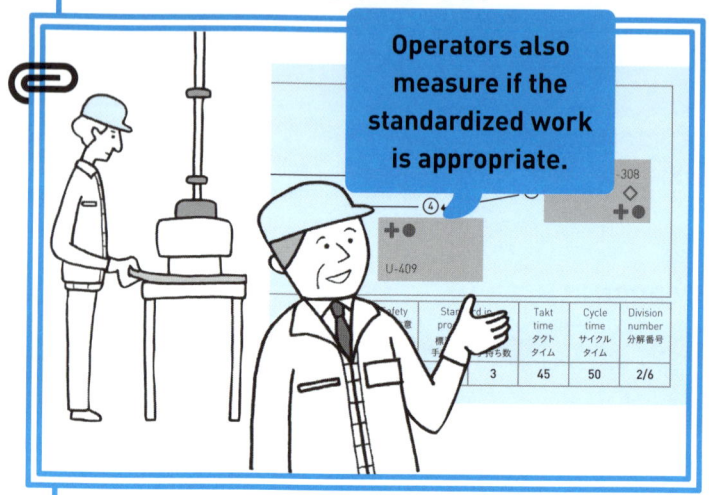

> Operators also measure if the standardized work is appropriate.

040

How do we know if our operators are doing the job right?
作業者が正しく作業しているか、どうやってわかりますか。

The standardized work is used to measure if they are carrying out their operations properly.
標準作業が、適切に作業しているかどうかの尺度となります。

Yes, it needs to be an objective judgment.
なるほど、客観的な判断である必要がありますね。

Operators also measure if the standardized work is appropriate.
作業者も標準作業が適当かどうか評価しています。

標準として定められた作業の仕方が「標準作業」です。作業者の動きなどが正しいかどうかは、この「標準作業」と照らし合わせて判断することになります。会話に出てくる通り、「標準作業」そのものが適切かどうかも見られているので、必要に応じて改訂が繰り返されます。
　標準作業を図解したものが、（次節にも登場する）標準作業票です。

▶ パワーアップフレーズ　　　　041

　測る（計測する）という意味で measure を用いたセンテンスです。

Please measure how far it is to my later process.
後工程まで、どのくらい距離があるか測ってください。

We now measure the distance between processes to check them.
現在、工程間の距離を確かめるために、計測しています。

Please measure how many steps you must walk to pick up the hammer.
ハンマーを手に取るのに、何歩、歩かなくてはならないか測ってください。

Can you please measure the length and then record it?
長さを計測して、記録してくださいますか。

✏ 製造ボキャ＋α
properly　適切に、正しく／ objective　客観的な／ appropriate　適当な、妥当な

I'm just measuring my waist.
ちょっと、ウエストのサイズを測っています。

Do it at home!
家でやりなさい。

11 作業を図解する

VERB Illustrate　　　図解する、絵に描く

「作業票を描く」という節で draw の使い方を学びましたが、ここで合わせて illustrate について見てみましょう。

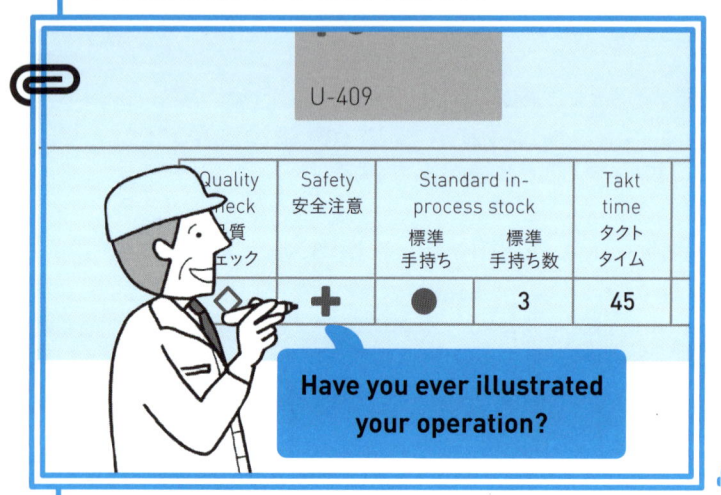

> Have you ever illustrated your operation?

042

Have you ever illustrated your operation?
作業を図解してみたことはありますか。

Yes, I have done it on a standard work sheet.
はい、標準作業票に描いたことがあります。

What did you include when you illustrated it?
それを図解したときは、何を含めましたか。

Well, I wrote standard in-process stock, takt time, cycle time and so on.
ええ、標準手持ち、タクトタイム、サイクルタイムなどを書きました。

標準作業票（standard work sheet、→ 178 ページ）は、作業現場のレイアウトと、作業者が作業をする順序が描かれた図表です。通常は、A3 サイズの紙が使われ、標準手持ち（部品在庫の数）、タクトタイム、品質チェックを行う旨の記号などが記載されます。

▶ パワーアップフレーズ　🎧 043

図解してみなさいと指示をするセンテンスです。

Try to illustrate your work on a standard work sheet.
標準作業票に、仕事を図解してみなさい。

Please illustrate clearly how you do your work.
どのように仕事をしているか、明確に図解してください。

図解したら、その後には…

If you draw it, people can see the illustration and try to do the same.
もしあなたが描けば、皆がその図を見て、同じことに取り組めます。

You may have to illustrate it again when you improve your operation method.
作業方法を改善したときには、あらためて図解しなくてはいけないでしょう。

✏️ 製造ボキャ＋α

include　含む、含める／ in-process stock　仕掛品在庫

Are you illustrating me?
ボクをイラストにしていますか。

Never! I'm illustrating the standard work method.
するわけないだろ。標準作業の方法を図解してるんだ。

12 標準作業票を改訂する

VERB **Revise** : 改訂する

標準作業票は、その必要がなくなるまで、繰り返し改訂するものです。作業の標準を改善し、作業票を改訂するのです。

🎧 044

Is it OK to revise the standard work sheet?
標準作業票を改訂しても大丈夫ですか。

Of course. It should be revised when any change is made.
もちろんです。何か変更がでたら、改訂されるべきです。

I hesitated because I revised it just last month.
先月改訂したばかりなので、躊躇しました。

Don't worry about that. A standard must be continuously revised.
心配しないでください。標準は、継続的に改訂されなくてはなりません。

現場では、従業員に作業の改善と、標準作業票の改訂を促すことになります。一度実施しておしまいではなく、継続して行ってもらいます。会話センテンスそのままの話をすることになるのではないでしょうか。その際には、できるだけ継続的な取り組みを奨励する意識を持って話しましょう。

▶ パワーアップフレーズ　　🎧 045

説明に使えるセンテンスです。

They have to be revised until it's no longer necessary.
もう必要がなくなるまで、改訂されなくてはなりません。

After you revise it, it becomes the new standard.
改訂したら、それが新しい標準になります。

Making improvements means making good revisions.
改善をすることは、よい改訂をすることを意味します。

現地でリーダーになる人にも伝えておきましょう。

You must reward your operators when they made good revisions.
よい改訂がされたときは、作業者を称賛しなくてはいけません。

✏️ 製造ボキャ＋α

revision　改訂、修正／ reward　称賛する

Sometimes I want to revise what I have said.
時折、口にしたことを訂正したくなってしまう。

We can all understand that!
それは我々、皆よくわかるよ。

13 作業者数は固定すべきか

VERB Fix　　　　　　　　　固定する

生産ラインの「作業者数を固定する」という意味で fix を用いた表現です。特定の作業にあてがう人員数を決めるときの話です。

> You should not fix the number of operators in a line.

🎧 046

You should not fix the number of operators in a line.
ラインの作業者数を固定すべきではありません。

We normally have five people on this processing line.
この加工ラインには、通常 5 人います。

You need to be able to produce the same product with four people or even less.
同じ製品を 4 人か、さらに少ない人数でも、つくれる必要があります。

You mean there should be no fixed number of people.

定員はあるべきでない、ということですね。

　同じ作業を少ない人数でもこなせるようにすること、そして、少ない人数でできるようにするだけでなく、何人であっても（たとえば6人でも、3人でも）同じ作業で同じ製品をつくれるようにすることを「少人」、あるいは「少人化」（flexible manpower line）といいます。生産量の変化に上手に対応するために必要とされています。

▶ パワーアップフレーズ　　🎧 047

A fixed number of people
定員（決まった作業者数）

There is no fixed number of people needed for this assembly work.
この組立作業に、必要とされた定員はありません。

「直す、修理する」という意味で fix を用いた例文も見ておきましょう。

This defect must be fixed immediately.
この不良は、すぐに修理されなくてはなりません。

It is a manager's task to make improvements that will fix problems.
問題を解決する改善を施すのは、管理者の仕事です。

The sharpener is now being fixed.
削り機は、現在修理されています。

✏️ 製造ボキャ＋α
normally　通常は、いつもは／ even　…すら、…さえ／
less　より少ない／ task　任務、仕事

> **Our lunch menu is fixed price.**
> ランチは、決まった値段になっているよ。
>
> 　　　　何で話がそっちにいくのよ…

第2章　生産ノウハウ①　アイディア、考え方

| COLUMN | プラクティカルな英語学習 ❷

基本をマスターする

　英語学習は、実際に取り組んでみて、「こうやっているんだけど上達しない」という相談をしたら、よいアドバイスを得られるものです。「何を改善したらよくなるのか」というのは、努力して上達した人なら答えを持っていますし、成功するやり方というのは1つではありません。きっと自分に合ったよいコツや学習法を見つけることができるでしょう。

　どんな方法を選ぶにしても、これだけは守ったほうがいいという原則をお話ししましょう。それは基本をしっかりマスターすることです。当たり前の話に聞こえるでしょうか。

　基本というのは、たとえば英語で1分間の自己紹介ができることです。短いセンテンスで、誰にでも理解してもらえるように、十分に大きな声で話す。それができなければ、会社にかかってきた苦情の電話などには対応できないでしょうし、現地従業員の人材育成も難しいでしょう。

　もっと極端なことをいえば、英語学習は、アルファベットを1つずつ、そしてoneからtenまでをきちんと発音することからはじめたいものです。多くの場合、この練習をしないで会話センテンスを話そうとしますから、通じにくくて当たり前です。私たちの多くは、oneをまるで犬が吠えるように「ワン」と発音しています。正しくは「ン」のところで、舌を上下の歯の間に軽く挟みこんで「ン」という感じになるのですが、なぜこれができないのかというと、まさに基本をおろそかにしているからです。

　ある程度の高いレベルで、何かのスキルを身に付けたことのある人なら、基本の大切さを知っているのではないでしょうか。

　教えるほうも、よい教師であれば、基本しか教えようとしないものです。

　私が個人的に好きなミュージシャンの話ばかりで恐縮ですが、ここ

でギタリストのスラッシュ（ガンズ・アンド・ローゼズなどのバンドで活躍。米国人）が自叙伝（※2）で述べている一説を紹介します。

「熱心な初心者がみんなそうであるように、俺もそのレベルにいきなり飛躍しようとし、優秀な先生がみんなそうであるように、ロバートは俺に基礎をマスターすることを強いた」

これは、スラッシュが中学時代にギターを習っていたときの話で、先生のロバートのように弾きたいと思ったスラッシュと、先生が行った指導について振り返ったものです。

多くの場合、教える側は、売る側でもあるため、受け入れられるものを売らざるを得ない面があります。したがって、顧客である生徒が基礎を押さえていないのに、難しいものを求めている場合には、本当はよくないと思いつつも、その要望を聞くことはあると思います。

短いフレーズを使った簡単な英会話ができない人たちが、難しい試験問題に取り組んでも英語の上達にはつながりにくいのですが、顧客である生徒や企業がそれを求めれば、難しい選択問題や、その解き方を教えることを商売にせざるを得ないのです。

難しい問題を解いたりすると、勉強した気にはなりやすいのですが、それが本当に必要な学習かどうかについては、よく考える必要があります。

（※2）『スラッシュ自伝』スラッシュ／アンソニー・ボッザ（共著）染谷和美／久保田祐子／上西園誠／迫田はつみ／森幸子（訳）シンコーミュージック・エンタテイメント、2009年

イラストで読み解こう ❹

作業者の制服
Operators' uniforms

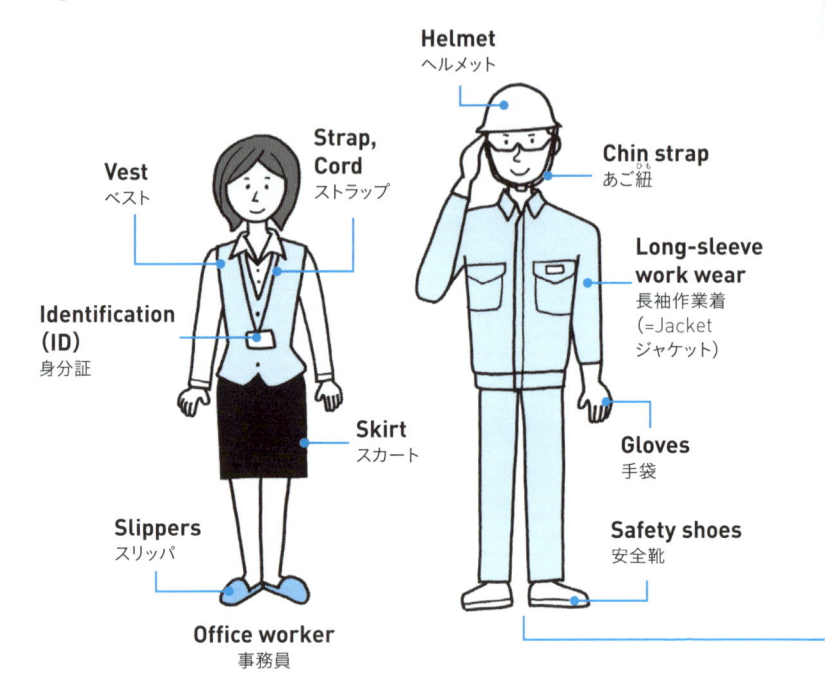

🎧 048

- Helmet ヘルメット
- Chin strap あご紐
- Long-sleeve work wear 長袖作業着 (=Jacket ジャケット)
- Gloves 手袋
- Safety shoes 安全靴

- Vest ベスト
- Strap, Cord ストラップ
- Identification (ID) 身分証
- Skirt スカート
- Slippers スリッパ

Office worker 事務員

Operators wear different uniforms depending on the worksite.
作業者は、職場により違う制服を着ています。

They all wear neat uniforms.
皆、きちんとした制服を着ていますね。

Uniforms, caps, helmets and gloves protect the operators.
制服、帽子、ヘルメット、グローブは、作業者を保護します。

I like that they always wear clean uniforms.
いつもきれいな制服を着ていて、よいと思います。

製造ボキャ＋α

depend on ... …次第である、…により異なる／ neat　きちんとした、こざっぱりした／ protect　保護する、守る／ strict　きびしい、厳格な／ except　…以外は

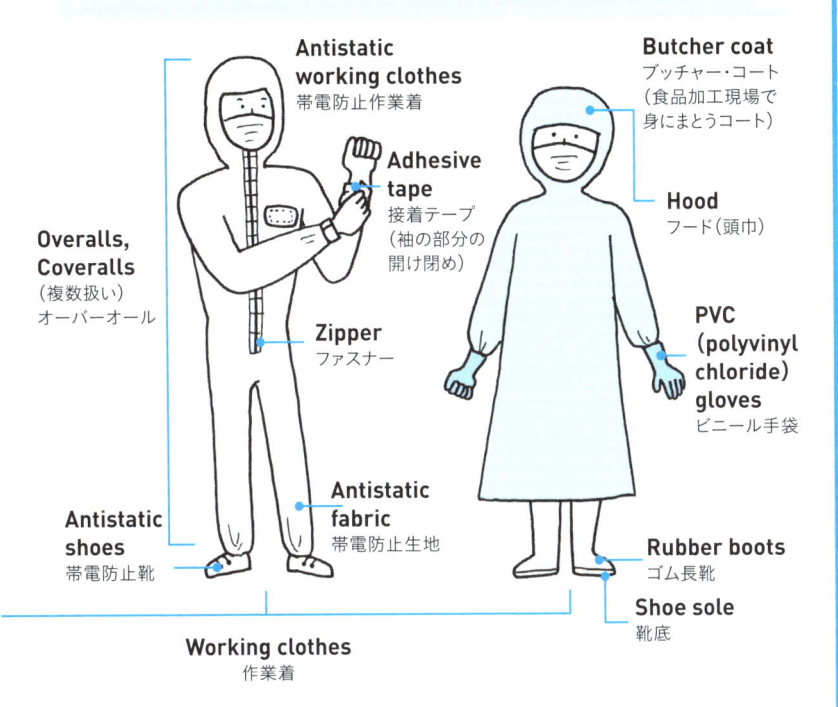

Antistatic working clothes
帯電防止作業着

Adhesive tape
接着テープ（袖の部分の開け閉め）

Overalls, Coveralls
（複数扱い）
オーバーオール

Zipper
ファスナー

Antistatic shoes
帯電防止靴

Antistatic fabric
帯電防止生地

Working clothes
作業着

Butcher coat
ブッチャー・コート
（食品加工現場で身にまとうコート）

Hood
フード（頭巾）

PVC (polyvinyl chloride) gloves
ビニール手袋

Rubber boots
ゴム長靴

Shoe sole
靴底

Our company has a strict clothing rule.
当社には、きびしい服装のルールがあります。

Most of them wear name tags too.
ほとんどの人は、名札も付けていますね。

Everyone except those on the food processing line must attach their name tags.
食品加工ライン以外の人は、皆、名札を付けなくてはなりません。

I can see the whole workshop is well managed.
職場全体がよく管理されているのがわかります。

イラストで読み解こう 5

通路と、ものを置くスペース 🎧 049

Passage and spaces for goods

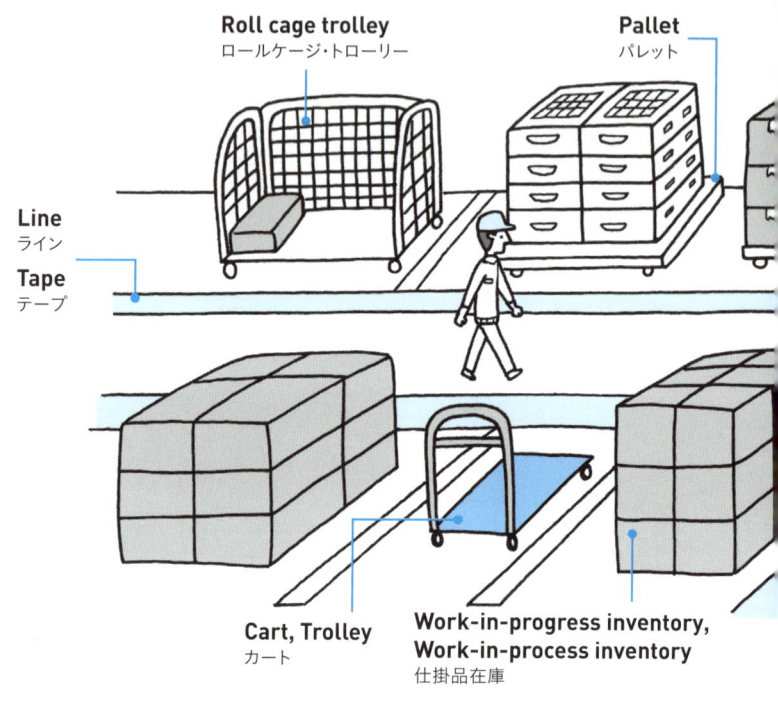

- Roll cage trolley / ロールケージ・トロリー
- Pallet / パレット
- Line / ライン
- Tape / テープ
- Cart, Trolley / カート
- Work-in-progress inventory, Work-in-process inventory / 仕掛品在庫

There are yellow lines in the passage.
通路に黄色い線があります。

Yes, we draw the lines so people know where to walk.
はい、皆がどこを歩くかわかるように、線を引いています。

I can see other lines as well.
他のラインもありますね。

Yes. We always specify the spaces for work-in-process inventories.
ええ。いつでも仕掛品在庫のスペースを特定しています。

製造ボキャ＋α

specify　指定する、具体的にする／ temporarily　一時的に／
unless　…でないかぎり、…の場合を除いて

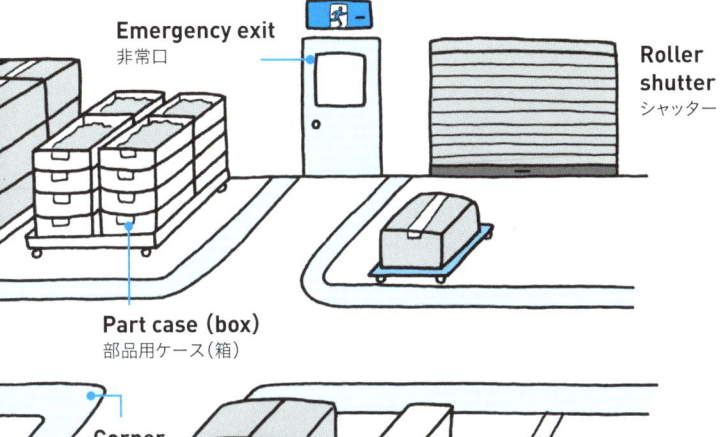

Emergency exit
非常口

Roller shutter
シャッター

Part case (box)
部品用ケース（箱）

Corner
角

Specified place for ...
…の決まった置き場

Can't they even put something down temporarily?
一時的にでも、何かを置いてはいけませんか。

No, they can't here unless it's an emergency.
はい、ここでは緊急時以外はダメです。

An operator is walking slowly down the passage.
作業者が、通路をゆっくり歩いていきます。

Yes. People shouldn't run or walk fast in factories.
ええ。工場では、走ったり、速く歩いたりすべきではありません。

イラストで読み解こう ❻

仕掛品在庫
In-process inventory

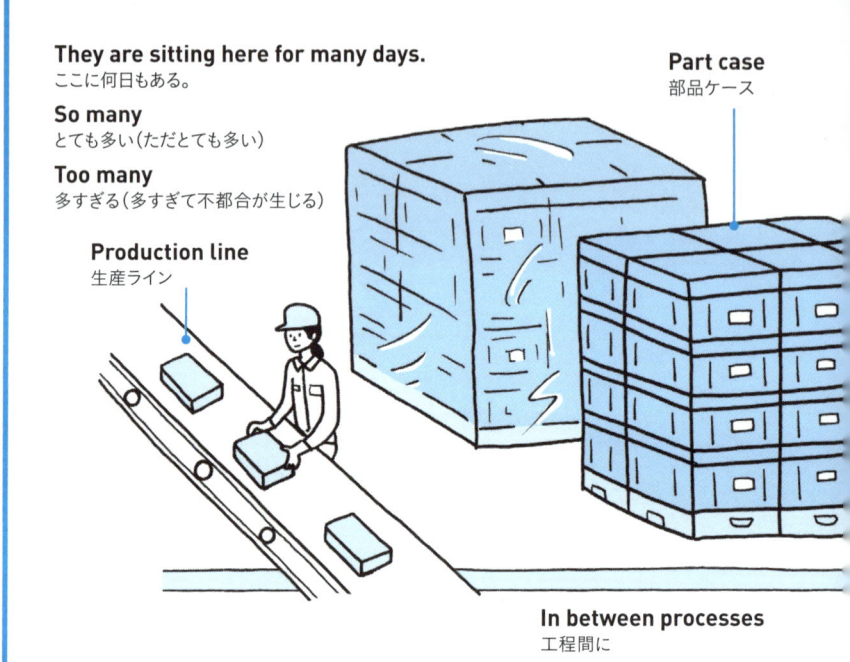

🎧 050

They are sitting here for many days.
ここに何日もある。

So many
とても多い（ただとても多い）

Too many
多すぎる（多すぎて不都合が生じる）

Production line
生産ライン

Part case
部品ケース

In between processes
工程間に

There are so many in-process inventories in between processes.
工程間に、とても多くの仕掛品在庫があります。

Yes. They are from our own parts factory.
はい。これらは自社の部品工場からきました。

Doesn't the factory realize this is a very inefficient way of operating?
この工場は、これが実に非効率な操業の仕方とわかっていますか。

I think they do. But they just don't know how to solve the problem.
認識していると思います。しかし、どう問題を解決すればよいのか、わからないのです。

※この会話中の they はいずれも、工場で働く人たちをばく然と指しています。

WIP inventory＝work-in-progress inventory, work-in-process inventory
仕掛品在庫

Excess inventory, Extra inventory
余分な在庫

Pallet packing film, Stretch film, Stretch wrap
ストレッチ・フィルム

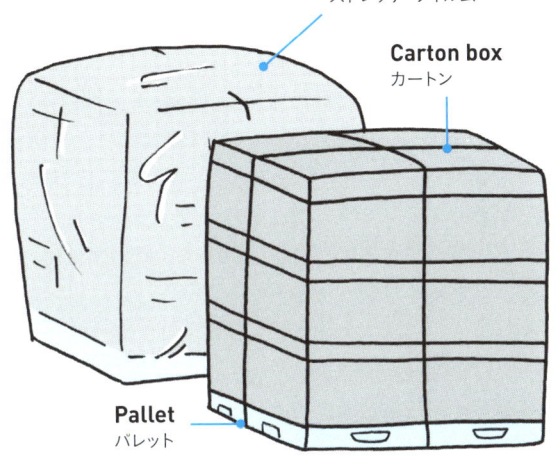

Carton box
カートン

Pallet
パレット

How many days do these WIP inventories sit here?
これらの仕掛品在庫は、ここに何日滞留していますか。

They will use these up in five days or so.
5日くらいで使い切ります。

I can see excess inventories everywhere in this factory.
この工場には、至るところに余分な在庫がありますね。

Yes, we have too many of them.
ええ、たくさんありすぎです。

COLUMN　プラクティカルな英語学習 ❸
「話す」と「聞く」はセットで

　英語を使いこなせるようになるための大原則は、「話すためには聞く」「書くためには読む」ことです。母語でも同じことなのですが、勉強中の外国語では、特に意識したいことです。本書は会話センテンスを扱っていますから、「話すためには聞く」ことについて述べたいと思います。

　英語を話そうとするときには、どんなセンテンスやフレーズを話せばいいのか、自分で考えてつくり上げるものではありません。私たちは聞いたことがあることだけを話せると考えましょう。英語には英語らしい表現や言葉の使い方がありますから、辞書で調べた英単語や熟語を自分で考えてつなげて話しても、通じないか、通じたとしても正しい話し方ではないのが普通です。

　そのため、話したければ、センテンスやフレーズを聞いておくことが必要です。本書では、生産現場で使うセンテンスやフレーズを紹介しており、音声もダウンロードできます。音声を聞くことで、(話し方、発音、イントネーションは1種類しか存在しないわけではありませんが) どのように話すのかを知り、真似することができます。発音の仕方も自分で考えるものではありませんから、聞くことは大切な練習の一部になるわけです。

　それほど多くの分量をマスターする必要はありません。はじめは、たとえば本書の10節分くらいだけでも十分です。第1章の9節だけでもよいですし、(「はじめに」でもお伝えした通り、本書は第1章からスタートしたほうが、内容の説明や単語の解説などを理解しやすいのですが) 取り組みやすい節を選んでもいいですから、音声をよく聞いて、テキストを見なくても同じように話せるようになることを目指しましょう。それができるようになれば、随分と力が付いているはずです。単語を置き換えて、応用もできるようになるでしょう。

　その時点でかなり会話ができるのかといえば、おそらくそうではあ

りませんが、10節分を一応話せるとなれば、それなりに使えるセンテンスやフレーズがある状態になっています。続けて10節ずつマスターしていく過程で、学習のコツもわかってくるでしょう。

　ダウンロードした音声を聞くときには、ぜひ注意していただきたいことがあります。
　「聞く」というのは、音声ファイルをただ再生して流すことではありません。集中して聞き込むことと考えてください。どう発音しているのか、そのときどんな音が鳴っているのかをじっくりと何度も聞き込みます。本書の第1章は、"I'm assembling this module." "I see." という会話からはじまりますが、それぞれよく聞き込んでみてください。I'm というのがどんな音なのか、I see. の see はどんな音なのか、すべての単語に注意を払って何度も繰り返し聞きます。英会話センテンスは、そうすることでよく聞き取れるようになり、話せるようにもなります。
　こうして集中して聞きますから、運転中や歩行中に行うのはお勧めしません。音声のほうに気を取られて、危険なことになってしまいます。
　集中して音声を聞くのは、それほど長時間続けられることでもありません。やりすぎると疲れてしまうでしょう。長時間続けられないと嘆く必要はないのです。私自身も聞き取れなかった頃には頻繁に練習しましたが、一度に30分以上続けてやったことはありません。
　こうして学んだセンテンスやフレーズが、実際の会話で通じたときには、それが自分の身に付いていることを実感できるでしょう。

第3章

生産ノウハウ（2）
実務

　生産活動において、現場でどんな業務を担当しようとも、必ず使うことになる動詞と、それを用いた会話センテンスなどを紹介します。

　本章で紹介する動詞は、「生産業務で使う動詞の王道」とでもいうべきものばかりで、自ら話す機会はもちろん、耳にする機会も多いことでしょう。
　難しい動詞が登場するわけではありませんから、会話センテンスやパワーアップフレーズをマスターし、使いこなせるようにしましょう。

　ここで紹介する9節は、それぞれ基礎的でありながら大事な内容をカバーしています。ノウハウをきちんと説明し、現地従業員に理解してもらうことを目指しましょう。

01 時間通りに到着する

VERB **Arrive** : 到着する、着く

「到着する」「着いている」「着いていない」といった具合に、頻繁に使う言葉です。どんなセンテンスを使うのか見ていきましょう。

両方とも時間通りに届いた
作業者

> Sometimes they don't arrive when they are required.

051

All the necessary parts must arrive just in time.
すべての必要な部品は、ジャスト・イン・タイムに到着しなくてはなりません。

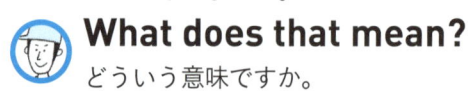

What does that mean?
どういう意味ですか。

We expect every part to get to the process on time.
すべての部品が、工程へ時間通りに、たどり着いてほしいのです。

Sometimes they don't arrive when they are required.
必要とされたときに、到着しないこともありますね。

「ジャスト・イン・タイムに…」「時間通りに…」という表現を押さえましょう。生産現場では、常に約束の時間通りに到着させることが求められます。遅れるのはもちろん問題がありますが、早く着けばよいというものでもありません。早すぎれば、それは在庫となってしまうからです。

※ Just-in-time production → 234 ページ

▶ パワーアップフレーズ　🎧 052

届いた時間（日にち）を合わせて述べます。

Our supplier's truck arrived on time this evening.
今晩、時間通りに、サプライヤーのトラックが到着しました。

She arrived at our factory at nine o'clock this morning.
彼女は、今朝9時に弊社工場に着きました。

Yoko arrived in Singapore yesterday.
洋子は、昨日シンガポールに着きました。

到着していない人もいたようです。

Our maintenance guy never arrived.
メンテナンスの担当者は、到着しませんでした。

Nobody noticed when I arrived.
ボクが到着したのに、誰も気付きませんでした。

What do you mean? You must have arrived late!
どういう意味。遅れて着いたんだろ。

02 注文を待っている

VERB Wait　　　　　　　　待つ

生産の現場では、作業をせずに、わざと待つべきときがあります。それはどんなときなのでしょうか。例文を見てみましょう。

> I'm waiting for the next process to give me an order.

作業者
ただ椅子に座っている

作業者

053

What are you waiting for?
何を待っているのですか。

I'm waiting for the next process to give me an order.
次工程が注文をくれるのを待っているのです。

Do you have to wait?
待たないといけませんか。

Yes, otherwise, there will be inventory between the processes.
はい、そうでないと、工程間に在庫ができてしまいます。

作業をせずに待っているというと、さぼっているようなイメージが浮かびやすいのですが、待たずに作業を開始するほうが問題である場合があります。

　後工程からの注文がないままつくりはじめるのは、部品の在庫ができても、それが必ず完成品となり、すぐに売れるような需要があれば、行っても構いません。しかし、市場の需要に合わせて多品種を少量生産している場合などには、ご法度です。それよりは注文を待って、つくらないでいるほうが賢明です。

▶ パワーアップフレーズ　　🎧 054

「待ってください」という決まり文句をいくつか見てみましょう。どれも please などとつなげて、できるだけ丁寧に使いましょう。

Wait a second.
ちょっと待って。

Wait a minute.
少し待って。

Wait a little longer.
もう少し長く待って。

Wait a little more.
もう少し待って。

　非常に長く待っている場合です。

I've been waiting so long.
とても長く待っています。

Please wait! I'm still working on my dessert.
待ってください。まだデザートを食べているんです。

やっているなぁ…

03 在庫が滞留する

VERB Stay　　　　　　　　　滞留する、留まる

部品在庫が工場に留まっているのは、決してめずらしいことではありません。そのことを stay という言葉で表現してみましょう。

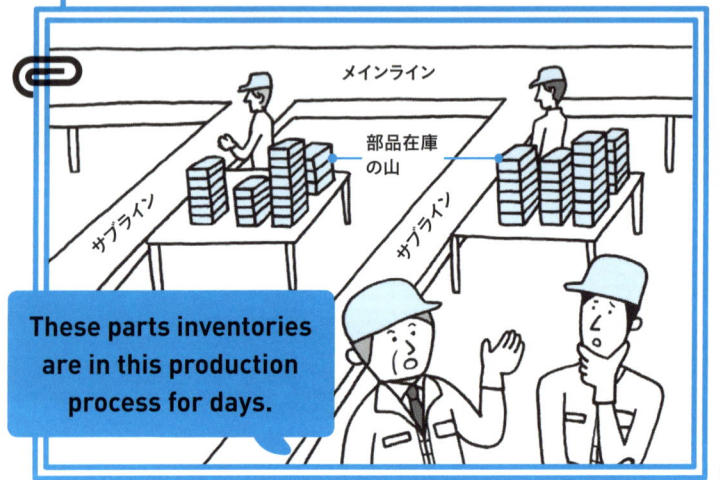

> These parts inventories are in this production process for days.

055

- **These parts inventories are in this production process for days.**
  これらの部品在庫は、何日間も、この生産工程にあります。
- **Actually the same parts stay between this and the next process.**
  実は、同じ部品が、ここと次工程の間に滞留しています。
- **I wouldn't be surprised if the same thing is happening elsewhere.**
  他で同じことが起きていても驚かないでしょう。
- **There is so much unnecessary inventory staying in this factory.**
  この工場には、不必要な在庫が実に多くあります。

たとえば3種類の部品を用いて組み立てを行う工程で、2種類の部品は前工程から引き取っているのに、もう1種類の部品が届かなければ、2種類の部品は在庫として滞留したままになります。

　3種類のうち2種類は、24個ずつ届きますが、1種類は18個ずつ届く場合はどうでしょうか。半端な数が残りやすく、それらは在庫となりがちです。

　決して好ましいことではありませんが、こうしたさまざまな理由から、在庫は至るところに溜まってしまうのです。

▶ パワーアップフレーズ　　🎧 056

さらにセンテンスを見てみましょう。

Extra parts are accumulated.
余分な部品が蓄積しています。

Don't let these stay in the production line.
これらを生産ラインに滞留させないで。

Our inefficient system accumulates inventory and it stays for a long time.
非効率なしくみが在庫を溜め込み、それは長い間滞留します。

A lot of inventory stays in our production process and in the warehouses.
たくさんの在庫が、生産工程と倉庫に留まっています。

✏️ 製造ボキャ＋α

actually　実は、実際は／ elsewhere　別の場所で、どこか他で／ accumulate　蓄積する、溜める／ inefficient　非効率的な、効率のわるい

> **I still want to stay in bed.**
> まだベッドの中にいたい。
>
> **He was taking a nap and is still half asleep.**
> 昼寝したまま、寝ぼけてるぞ。

第3章　生産ノウハウ(2)　実務

04 生産チームを編成する

VERB Form　｜　編成する

チームを組んだり、グループをつくるときに、覚えておくと便利な表現です。現場では、日常的にさまざまなチームを編成します。

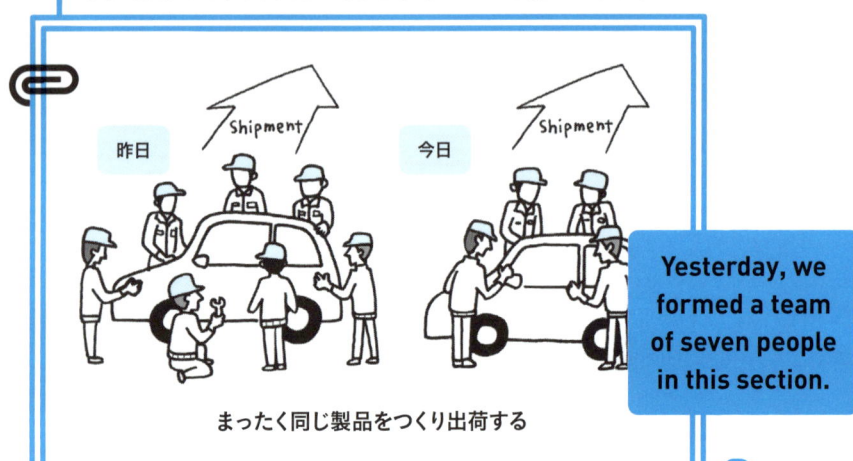

昨日　Shipment　今日　Shipment

まったく同じ製品をつくり出荷する

> Yesterday, we formed a team of seven people in this section.

🎧 057

- **Our people need to form a flexible manpower line.**
  作業者は、少人化(によるライン編成)をする必要があります。

- **We need to be flexible so we can form production teams with different numbers of people.**
  異なる人数で生産チームを編成できるよう、柔軟になる必要があります。

- **Yesterday, we formed a team of seven people in this section.**
  昨日は、このセクションで、7人のチームをつくりました。

- **Today, the team is working with only four people and producing the same**

item.
今日は、たった 4 人だけで、同じ製品を生産しています。

会話センテンスの冒頭では、コウが第 2 章「Fix 作業者数は固定すべきか」（→ 66 ページ）にも登場した少人化に言及しています。「○人のチームをつくった」とか、「○人だけでつくっている」というフレーズが、すんなり口にできるように練習しましょう。3 つ目と 4 つ目のセンテンスは、まさにそのことを話しています。

▶ パワーアップフレーズ　🎧 058

Our operators form different groups depending on the quantity ordered.
注文された数量によって、作業者は異なるグループを編成します。

We made groups, each with four new employees and one manager.
それぞれ 4 人の新人と管理者 1 人で、グループをつくりました。

✎ 製造ボキャ＋α
flexible　柔軟な、融通の利く

> **Suddenly I noticed I'm not in any groups... I want to form a group. Anybody want to join!?**
> 突然、どのグループにも入っていないことに気付けた。グループをつくりたいんです。誰か入りませんか。
>
> 　　　めずらしくマジで焦っているみたいだ

05 生産ラインを編成する

VERB Arrange : 編成する

前節のチームやグループの編成に加え、生産ラインを編成するときに使う表現を見てみましょう。

> We definitely need to arrange an efficient process.

059

The production line was arranged for the new product.
新製品のために、生産ラインが編成されました。

Sure.
そうですね。

The production lead time depends on how well the processes are arranged.
工程がいかにうまく編成されるかにより、生産リードタイムが異なってきます。

We definitely need to arrange an efficient process.
必ずや効率的な工程を編成したいですね。

生産ラインをつくるのにも、工程をつくるのにも、arrange という言葉を覚えると便利です。前節の form を用いても間違いではありませんが、合わせて使えるようにしましょう。

▶ パワーアップフレーズ　　🎧 060

工程編成　**production process arrangement**
人員配置　**operator arrangement**

Our manager is rearranging the manufacturing processes.
管理者は、製造工程を再編成しています。

He may rearrange it again next month.
彼は、来月また再編成するかもしれません。

We can't have too many operators on the assembly lines.
組立ラインに、それほど多くの作業者は置けません。

Operators must always be placed properly.
作業者は、いつでも適切に配置されなくてはなりません。

✏️ 製造ボキャ＋α

definitely　確実に、必ず

> **I'm arranging some flowers on my desk.**
> 机に花を飾ってみたよ。
>
> **Hey, that's not what we are talking about!**
> おい、それは話していることと違うぞ。

06 作業の速度を落とす

VERB **Slow** ： 速度を落とす

slow という表現そのものは馴染みが深いはずです。生産現場ではどんな使い方をするのか、例を見てみましょう。

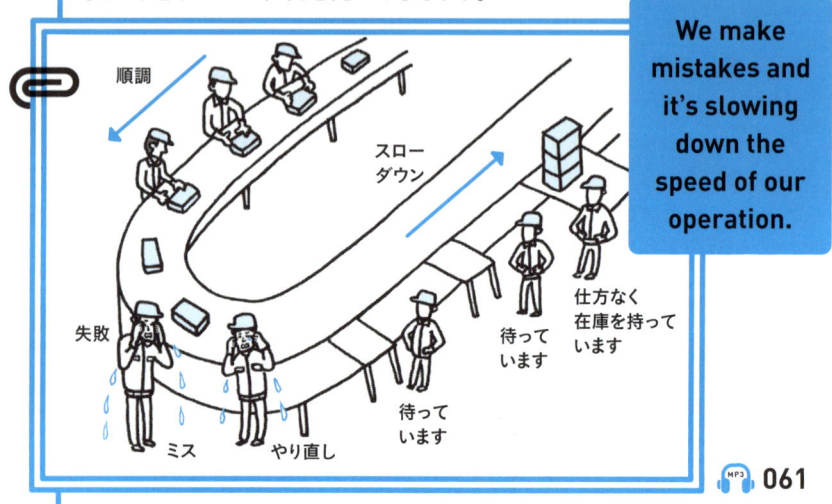

順調
スローダウン
失敗
ミス
やり直し
待っています
待っています
仕方なく在庫を持っています

> We make mistakes and it's slowing down the speed of our operation.

061

- **We make mistakes and it's slowing down the speed of our operation.**
  ミスをして、それが作業の速度を落としています。

- **It sure slows down our production efficiency.**
  それが生産効率を下げてしまいます。

- **They are the only process having to make corrections, but it slows down the entire process.**
  彼らが唯一、やり直しをしている工程ですが、それが全工程の速度を下げています。

- **They are obviously the bottle neck of the whole process.**

明らかに、全工程の中のボトルネックですね。

コウとジョウは、特定の工程がミスにより速度を落としてしまい、それが生産ライン全体に影響を与えていることを話しています。

ボトルネックとは、全体が望み通りに進まない原因をつくり上げている箇所（工程）のことです。その箇所（工程）を何とかしなければ、他のところ（工程）にいくら手を入れても、全体の改善は見込めません。

▶ パワーアップフレーズ　🎧 062

slow は形容詞としてもよく使われます。「（商売に）活気がない」という意味を表すこともあります。

No need to hurry. Do it slowly.
急がなくていいです。ゆっくりやりなさい。

I was slow to understand.
理解が遅かったです。

The new operator is moving so slowly.
新しい作業者が、とてもゆっくり動いています。

He is slow to do his work.
彼は、仕事をするのが遅いです。

Business is slow now. We don't have many orders.
商売が暇になっています。それほど注文がありません。

✏ 製造ボキャ＋α

correction　修正、訂正

> **I'm a slow eater.**
> ボクは、ゆっくり食べるほうだ。
>
> **Don't you have any other interest besides eating?**
> 食べること以外に、関心はないのか。

07 抜取検査を実施する

VERB Carry (out) 　　実施する

「…を実施する」という意味で carry を用いる例を見てみましょう。パワーアッププフレーズでは、carry を「運ぶ」という意味で用いた例文を紹介します。

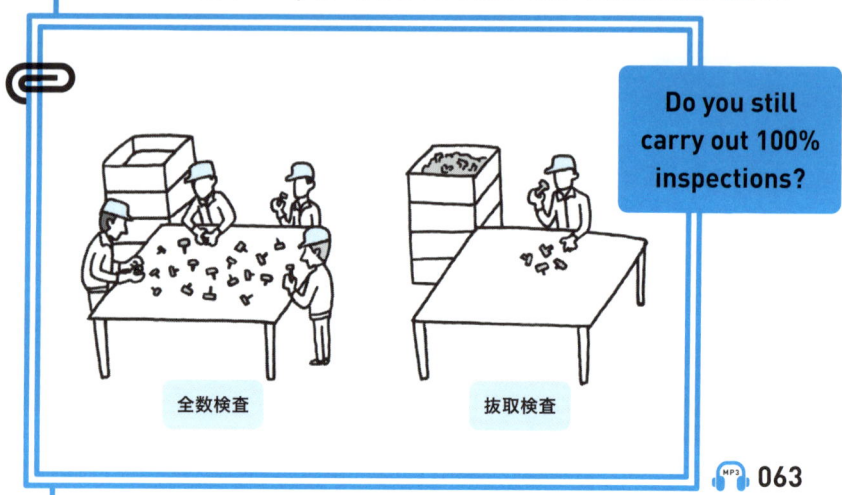

全数検査　　抜取検査

> Do you still carry out 100% inspections?

063

Do you still carry out 100% inspections?
全数検査は、まだ行っていますか。

Not anymore. We now do sample inspections instead.
もう行っていません。今は代わりに、抜取検査を実施しています。

So our factory doesn't carry out 100% inspections any longer.
そうすると、私たちの工場は、もう全数検査はしないのですね。

Not in Japan, but it's still practiced in our south-Asia sites.
日本ではしませんが、南アジアの現場では、まだ行われます。

carry out は、「実施する、実行する」という意味を表します。全数検査は品質向上に伴って、すでに必要なくなったという意味の会話が交わされています。

▶ パワーアップフレーズ 🎧 064

ここでは「在庫を運ぶ」というテーマにしぼって例文を見てみます。

The inventory-carrying cost is more than 10% of the inventory value.
在庫を運ぶコストは、在庫の価値の10％以上になるのです。
inventory-carrying cost　在庫を運ぶコスト

We must consider the cost of carrying inventory to our stores.
倉庫へ在庫を運ぶコストについて考慮しなくてはいけません。
※この store は、工場にある倉庫という意味。

We spend too much money carrying our inventory.
在庫を運ぶのに、たくさんのお金を使いすぎです。

I don't want to carry parts between production processes.
生産工程間で、部品を運びたくありません。

✏ 製造ボキャ＋α
inspection　検査／ instead　代わりとして

> **I try to carry inventory quickly. Maybe it's more cost effective.**
> 在庫をすばやく運ぶぞ。費用効果が高いかも。
>
> あんまり変わっていないぞ〜

08 特定の順序にしたがう

VERB Follow　　したがう、守る

工場では実によく使う表現です。「したがってください」「守ってください」と頼むことも、そのように頼まれることも多くあるでしょう。

> Everyone has to follow the specific sequence.

065

We must follow the right sequence to assemble these units.
ユニットを組み立てるための、正しい順序を守らなくてはなりません。

Well... I can complete the units my own way.
はぁ…私自身のやり方で完成できますが。

It's not good if every operator follows a different sequence.
各作業者が異なる順序にしたがうと、よくありません。

I see. Everyone has to follow the specific sequence.
わかりました。皆が特定の順序を守らねばなりませんね。

定められた順序を守らないと、皆が少しずつ違うやり方で作業してしまい、品質にもムラが出やすくなります。皆が同じ手順で同じ道具を使い、同じ数量の部品在庫を持って、製品を仕上げていく必要があります。会話では、このことが話し合われています。

▶ パワーアップフレーズ　　🎧 066

工場では、このように呼びかけることがあるでしょう。

Please obey the rules to avoid accidents.
事故を防ぐために、ルールにしたがってください。

Please follow the rules of behavior.
振る舞い方（行動）のルールを守ってください。

We must follow the rules.
ルールにしたがわなくてはなりません。

All the rules have to be followed to avoid any accidents.
どんな事故も防ぐために、すべてのルールは遵守されなくてはなりません。

Even a veteran worker should follow the work sequence.
ベテランの作業者であっても、作業順序にしたがうべきです。

✏️ 製造ボキャ＋α

sequence　順序／ complete　仕上げる、完成する／ specific　明示された、特定の／ obey　したがう

> **OK. Please move ahead. Yes, I will.**
> オーケー。前へ進んでください。はい、そうします。
>
> **He is giving orders to himself!**
> 自分で指示を出してるよ。

09 標準を設定する

VERB Set　　　　　　　　　　設定する、決める

set という表現も馴染みがあるはずです。(標準、時間などを)「設定する」という意味で用いる例を見てみましょう。

> Lot Size: 6
> Takt Time: 3 minutes
>
> We need to set standards for our operations.

067

We need to set standards for our operations.
作業に標準を定める必要があります。

What do you mean?
どういう意味ですか。

Well, for instance, we have a small lot size of six for this product.
ええ、たとえば、この製品には6個という、小さなロットサイズを決めています。

I see. The takt time was set at three minutes for producing the six pieces.
なるほど。6個をつくるには、タクトタイムが3分と設定されていますね。

「作業の標準を決める」という表現に set を用います。したがって、数や時間などを取り決めることについても、同様に set を用いています。

こうしたシンプルに見える表現を確実に話せるようにしましょう。

▶ パワーアップフレーズ　🎧 068

他にもどんなことを設定するのか、例文を見てみましょう。

The product development department sets the trial production period.
製品開発部は、試作の期間を設定します。

Our production control department set a target to improve our operation rate.
生産管理部は、稼働率を改善する目標値を決めました。

We have set new rules to make our environment safer.
より安全な環境をつくるための、新しいルールを定めました。

Our manager has set the time for morning assembly at eight o'clock.
管理者は、朝礼を8時に行うこととしました。

✏ 製造ボキャ＋α

product development　製品開発 / trial　試験的な / operation rate　稼働率 / environment　環境

I'm gonna ignore all the rules.
ルールは全部無視するぞ。

What? He has obviously misunderstood. We set rules to make ourselves more productive.
何だって。すごく勘違いしているみたいだ。ボクたちは、より生産的になるために、ルールを決めるんだよ。

イラストで読み解こう 7

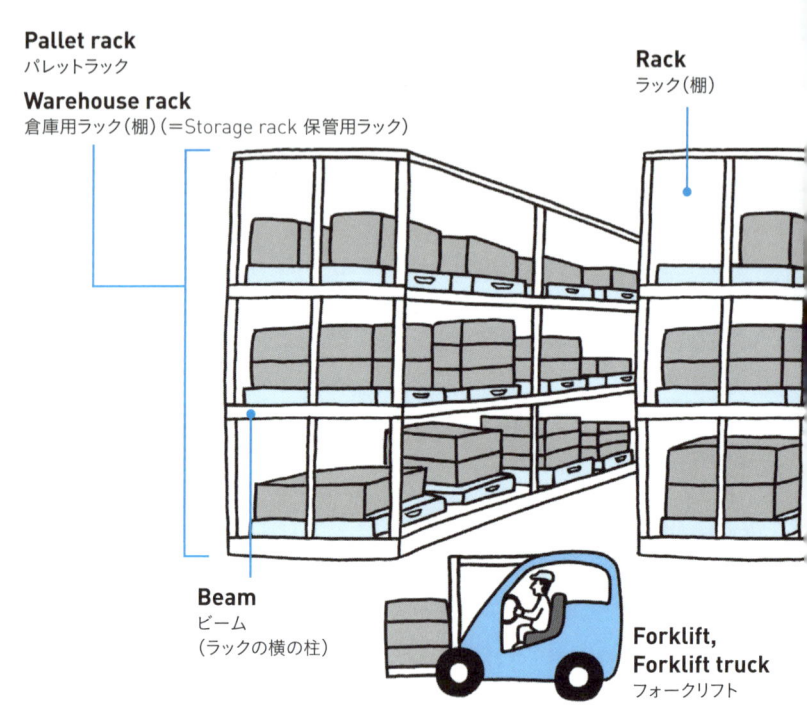

倉庫
Warehouse

🎧 069

Pallet rack
パレットラック

Warehouse rack
倉庫用ラック(棚)(＝Storage rack 保管用ラック)

Rack
ラック(棚)

Beam
ビーム
(ラックの横の柱)

Forklift, Forklift truck
フォークリフト

Products are placed on pallets and then stored in warehouse racks.
製品はパレットに載せられ、倉庫のラック(棚)に保管されます。

The rack is very big and tall.
ラックは実に大きく高いですね。

Yes. People use forklift trucks to handle them.
はい。作業者はフォークリフトで作業します。
※この handle them は「大きくて高いラックを扱う」という意味です。

Is it difficult to manage a warehouse?
倉庫の管理は難しいですか。

製造ボキャ＋α

store　保管する、蓄える／ take care of ...　…を担当する、…の世話をする

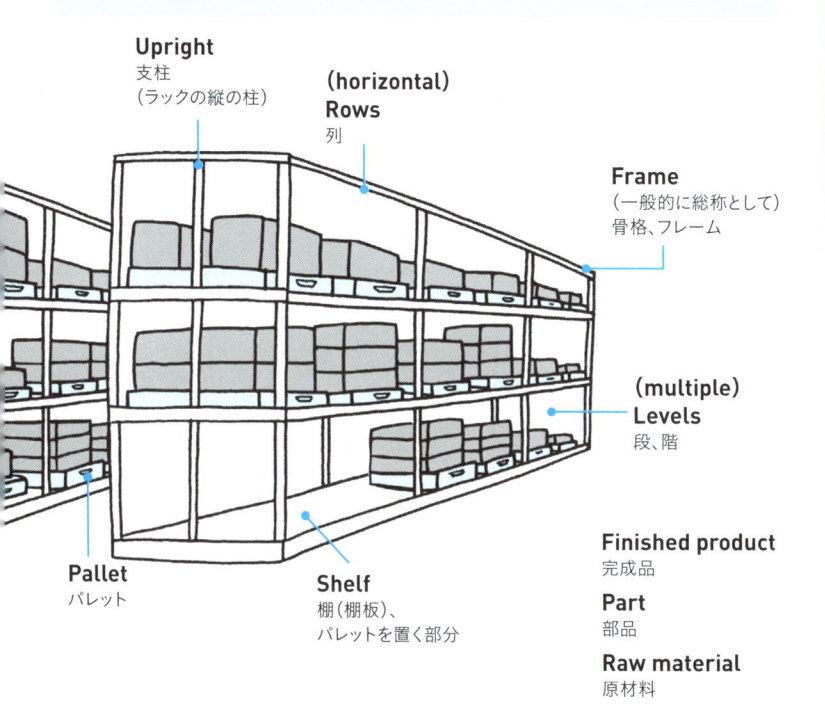

Upright
支柱
（ラックの縦の柱）

(horizontal) Rows
列

Frame
（一般的に総称として）
骨格、フレーム

(multiple) Levels
段、階

Pallet
パレット

Shelf
棚（棚板）、
パレットを置く部分

Finished product
完成品

Part
部品

Raw material
原材料

Yes, managing a warehouse is more difficult than it looks.
はい、倉庫を管理するのは、見かけより随分と難しいです。

How many people do you have in this warehouse?
この倉庫には、何人の作業者がいますか。

We have two people here and a manager who also takes care of two other warehouses.
ここは2人の作業者と、他にも2つの倉庫を管理している管理者が1人です。

Wow, only a small number of people manage them!
わぁ、少人数だけで管理しているのですね。

イラストで読み解こう 8

「先入れ先出し」用のラック　🎧 070
A rack for "first in first out"

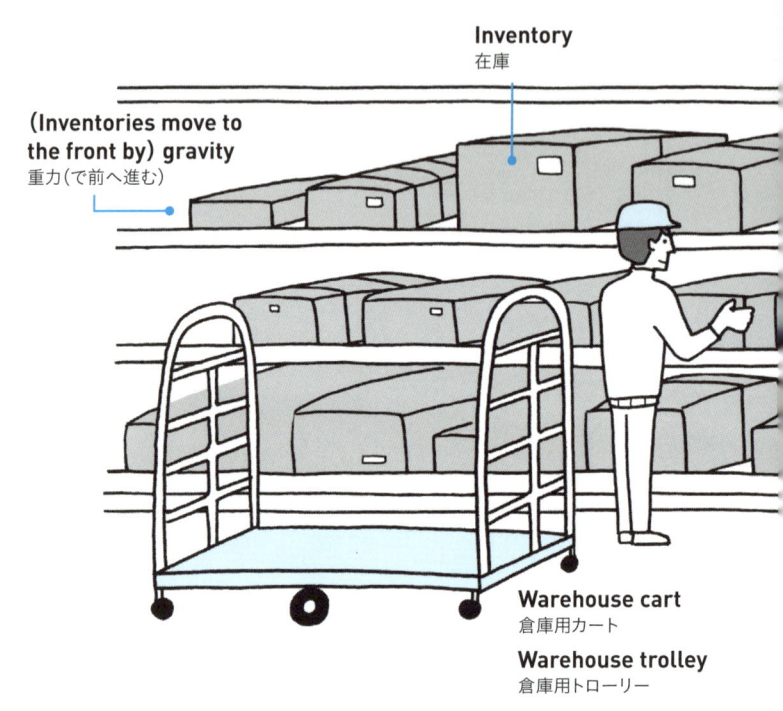

Inventory
在庫

(Inventories move to the front by) gravity
重力(で前へ進む)

Warehouse cart
倉庫用カート

Warehouse trolley
倉庫用トローリー

This warehouse rack has a unique design.
この倉庫ラックは、ユニークな設計ですね。

Yes. This one is designed for "first in first out."
はい。これは「先入れ先出し」用に設計されました。

Does that mean shipping out old ones first?
それは、古いものを先に出荷するという意味ですか。

Yes. What comes in first must be shipped out first.
はい。先に入ってきたものが、先に出荷されなくてはなりません。

Flow rack
フローラック、
流動棚（の一種）

Top
上

Back
後ろ、裏

Front
前、表

Bottom
下

Rolling lane
ローリング・レーン

Inclined
傾斜した（傾斜している）

Slight decline
わずかな傾斜

(inclined) roller racking
傾斜したローラーラック

I see. This rack makes operating first in first out easy.
なるほど。このラックは、先入れ先出しの作業をラクにしていますね。

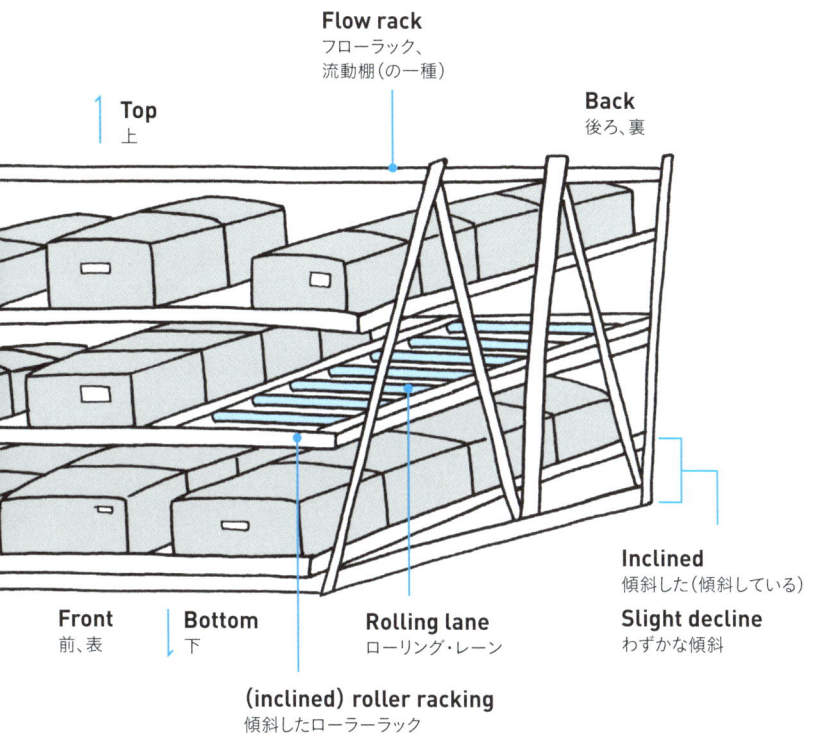

Yes. New ones are placed at the back of the rack.
ええ。新しいものは、ラックの後ろに置かれます。

And operators pick up ones from the front when they receive an order.
そして、作業者は注文を受けたら、前方から取り上げるのですね。

We use this type of rack for some of our finished products.
いくらかの（種類の）完成品に、このタイプのラックを使っています。

COLUMN　プラクティカルな英語学習 ④
インプットしたらアウトプットを

　英語に限ったことではありませんが、スキルを習得したいときは、インプットだけでもアウトプットだけでもNGです。インプットとは知識を取り入れることで、アウトプットは学んだ知識を出すことです。すなわちアウトプットとは、それを使ってみることを意味します。英語の試験勉強をして受験しても英語が上達しないのは、アウトプットをしていないからです。

　会話をしたいときに、話し相手がいないこともあるかもしれませんが、アウトプットをまったくしないよりは、勉強中の日本人同士で話してみるほうが、余程効果的です。

　インプットしたらアウトプットが必要と考えれば、本書のような教材で学ぶときにも、読んで理解するだけでは不十分とわかるでしょう。いくらセンテンスを読んで理解しても、それを使えるようになれるかどうかは別の話です。

　英語以外の例で考えると、よりわかりやすいかもしれません。たとえば野球を上手にプレーしたい人は、試合を観戦したり、ルールなどを学ぶために本を読むこともあるでしょうが、実際にグラウンドで練習や試合をしないと、うまくなってはいきません。あなたならインプットとアウトプットの割合は、どのくらいにしたいでしょうか。この質問をすると、ほとんどの人はアウトプットの割合を断然多くしたいと答えます。

　英語に関しても同じことです。練習や練習試合をせず、インプットをしただけで、いきなり本当の試合（仕事）に使おうとしてもうまくいきません。アウトプットしたことがないのに、いきなり本番となっても、失敗するのは当たり前でしょう。また、仕事（野球で考えれば試合）だけがアウトプットの機会になるのも実におかしな話です。

　もちろん何のインプットもせず、アウトプットばかりというのも問題があります。話して通じることはあっても、すぐに行き詰まりを感

じてしまうでしょう。

　アウトプットについては、積極的に機会を見つけるようにしましょう。先程も「何もしないよりは日本人同士で」と述べましたが、同じように英会話の上達に取り組む人たちと友達になることが大切です。
　海外に住めば、英語で話す相手が必ず見つかるというわけではありません。高校生くらいまでであれば、学校で自然に人と話す機会に恵まれるはずですが、大学生や社会人になってしまうと、積極的にならなければ、話し相手も見つけにくいものです。
　そんなときに英会話の上達について真剣に考えていない人たちと、日本語ばかりで話しているのは、自分のためになりません。自分のいる環境で、どんなふうにアウトプットの機会を見つけることができるのか、それを考えて試してみるところからが勉強です。スポーツのチームに入ったり、英語を使って日本語を教えるボランティアをしたり、さまざまな取り組みをしてみましょう。
　本書の使い方としては、センテンスを理解したら、それを口に出してみるようにしましょう。そして、できるだけ話し相手を見つけて会話で使ってみるのが、上達の秘訣です。

第 **4** 章

5S
整理、整頓、清掃、清潔、しつけ

　本章では、5S をテーマとして扱います。
[5S]
・整理 Sorting
・整頓 Order (Setting in order)
・清掃 Cleaning (Shining)
・清潔 Standardizing
・しつけ Discipline (Sustaining the discipline)

　これらの S を合わせて 5S と呼びます。
　日本で生まれた生産現場の管理手法で、日本企業の海外生産拠点でも広く導入されています。海外工場などに赴任する人は、現地で指導もすることになるでしょう。

　英語でも、それぞれ S からはじまるネーミングが付けられ、5(Five) S と呼ばれています。

　5S は、コンセプトを正確に理解して、全員参加で取り組むことが大切です。

01 整理1 ものを分類する

VERB **Sort** : 分ける、分離する

5Sについての会話です。コウの説明に対して、ジョウが率直な質問をしていきます。

> We sort necessary items from unnecessary ones.

071

First, we need to sort the items.
はじめに、ものを分ける必要があります。

What does that mean exactly?
正確には、どういう意味ですか。

We sort necessary items from unnecessary ones.
必要なものを不必要なものから分けます。

I thought everything here was necessary.
ここにあるものは、すべて必要と思っていました。

5Sは整理からはじまりますが、具体的にはものを分類する作業からはじめることになります。

　何をどのように分類するのでしょうか。まずは、職場にあるものを「必要なもの」と「不必要なもの」に分けます。この時点で思い浮かぶのが、「すべて必要なのではないか」という疑問です。ジョウもそのように聞いています。

▶ パワーアップフレーズ　🎧 072

分類するときに使える例文です。

How would you sort all these drills?
これらすべてのドリルをどう分類するのですか。

They are roughly sorted.
大まかに分類されています。

My sorting work is not done yet.
分類の作業は、まだ終わっていません。

Please sort out the new ones from the old ones.
新しいものと古いものを分けてください。

I must sort experienced operators from the others.
熟練工をそうでない作業者から、分けないといけません。

I sort what I will eat today from what I won't eat today.
今日食べるものと、今日食べないものを分けよう。

　　　　　　　一応コンセプトは理解したか…

02 整理2 ものを離す

VERB **Separate** : 離す、分離する

整理についての話が続きます。ジョウは、いろいろと疑問がわいてきているようです。

> We must separate what we need now from what we don't need now.

🎧 073

We must separate what we need now from what we don't need now.
今必要なものと、今必要でないものを離さなくてはなりません。

I'm not sure I understand.
理解できているか、確かでありません。

You have materials, WIP inventory, your tools and equipment all together.
材料、仕掛品在庫、工具、設備が、一緒になっています。

But how can I separate them?
しかし、どうやって離す（分ける）のですか。

職場にある「すべて必要に思えるもの」をどのように「必要なもの」と「不必要なもの」に分けるのでしょうか。その答えは、「今必要なもの」と「今必要でないもの」に分けることです。

しかし、最後にジョウが述べているように、「(そんなことをいっても)どうやって分けるのか」と思えるかもしれません。次節からさらに深く見ていきましょう。

▶ パワーアップフレーズ　　🎧 074

ここでも分類するときの例文を見てみましょう。

Separate what you don't use.
使わないものを離しなさい。

Separate your tools into four groups.
工具を4つのグループに分けなさい。

Separate these according to the frequency of use.
これらを使用頻度によって分けなさい。

These materials are separated for storage.
これらの材料は、保管用に分類されています。

We need a standard rule for how to separate items.
ものをどう分類するか、基準となるルールがいります。

✏️ 製造ボキャ＋α

tool　道具、工具／ equipment　設備、装備／ frequency　回数、頻度／ storage　保管、貯蔵

I separate what I will drink today from what I won't drink today.
今日飲むものと、今日は飲まないものを分けているよ。

何か楽しそうだなぁ

03 整理3 それは今日使うのか

VERB Use　　　　　　　　　使う

整理についての話が続きます。ジョウに理解させるために、コウが質問をしていきます。

> But you won't use them today, will you?

075

For instance, will you use these cutting tools today?
たとえば、今日、これらの切削工具を使いますか。

No, but I do need to use them a lot.
いいえ、それでも頻繁に使用します。

But you won't use them today, will you?
しかし、今日は使わないのでしょう。

If that's what you mean, I'm not using most of these today.
そういう意味でしたら、今日は、これら（ここにあるもの）の大半を使いません。

職場にあるものを「今必要なもの」と「今必要でないもの」に分けていきますが、コウがジョウに尋ねると、ジョウは、「大半のものは今日使わない」と答えました。

ものを分類するときには、今日使うものを作業者の近くに、時折使うものを2番目に近いエリアに、あまり使わないものは、そうしたものを置くのに適切な場所を決めて配置します。これだけで、職場は随分とすっきりしてきます。

▶ パワーアップフレーズ　　🎧 076

使用頻度を表す例文です。

I use this measuring instrument most of the time.
この計測器は、ほぼいつでも使います。

I seldom use these scissors.
このハサミは、ほとんど使いません。

I have never used these chairs before.
これらの椅子は、使ったことがありません。

I haven't seen you use it for a long time.
あなたがそれを使うのを長いこと見ていません。

✏️ 製造ボキャ＋α

seldom　ほとんど…ない

> **I use chopsticks everyday, but seldom use knives.**
> 箸は毎日使うけど、ナイフはあまり使わない。
>
> ちゃんとわかってきてるなぁ。
> 好きなものだとわかるのかも

04 整頓1 ものを使いやすく置く

VERB **Place** 　　　　置く、配置する

整頓の話に入ります。整理で、ものを分類した後は、どんなことをするのでしょうか。

> I want to place this spray so we can easily find it.

077

Let's place the items conveniently.
ものを便利に（使いやすいように）置きましょう。

Sure. I want to place this spray so we can easily find it.
わかりました。このスプレーをラクに見つけられるように置きたいです。

Yes. Everything should have a specified place.
はい。すべてのものに、決められた場所があるべきです。

Then we don't need to walk around asking where they are.
そうすれば、歩き回って、どこにあるのか聞かなくていいですね。

5Sでは、整理に続いて整頓を行います。整頓とは、ものを便利よく（使いやすいように）置くことです。すぐに見つけられるように、ラクに手に取れる位置に、という趣旨で配置の仕方を決めていきます。
　すべてのものには、決まった置き場と置き方が必要になります。整頓が行き届いていないと、必要なものを探し回ることになりがちです。

▶ パワーアップフレーズ　🎧 078

「置いてください」と頼むときの表現です。

Just place it over there, please.
向こうに置いてください。

Please replace this bottle in the rack.
このボトルを棚に戻してください。
※このセンテンスにおいて、replaceは「元に戻す」という意味。

Please bring this back and return it to its place.
これを持ち帰って、指定の場所に戻してください。

置き方についての取り決めです。

Items must be placed so that any operator can pick them up within 15 seconds.
ものは、どの作業者でも15秒以内に手に取れるように、置かれなくてはいけません。

✏ 製造ボキャ＋α

conveniently　便利よく／ within 15 seconds　15秒以内に

🧑 **I can't find my chopstick case...**
ボクの箸箱が見当たらない…

👨 **It's always on your desk! It must have its own place.**
いつも机にあるだろ。決まった置き場があるんだろ。

🧑 **I place my oolong tea bottles everywhere.**
いろんなところにウーロン茶のボトルを置いているよ。

👨 **This guy doesn't really understand.**
ほとんどわかってないかも。

05 整頓2 すぐに手に取る

VERB Pick (up) — 手に取る、取り上げる

置き方を改善することで期待できる効果について話し合っています。工夫次第で便利になっていきそうです。

Type2 A2-4

> We want to find and pick up items without having to look for them.

079

- **If items are in order, there is less chance we will pick up the wrong ones.**
  整頓されていれば、間違ったものを手にする機会は減ります。

- **We want to find and pick up items without having to look for them.**
  探さなくても、ものを見つけて手に取れるようにしたいです。

- **I see these cutters have names and numbers on them.**
  これらのカッターには、名前と番号が付いています。

- **This way we know at a glance which ones to pick.**
  これなら一目で、どれを手に取るのかわかります。

ものを探し回らないでも手に取れるようにするには、置き場を決めるのと合わせて、ものと置き場に番号を付けたりすることも必要になります。特に、似たようなものが複数並んでいるような場合には、必須になると考えてよいでしょう。いつも一人で作業をするなら、番号など付ける必要がなくても、多くの人が同じ作業をして、ものを共有すれば、どのように共通のルールを守っていくかが重要になります。

▶ パワーアップフレーズ　🎧 080

　「考えなくても、正しいものを手に取ること」についてのセンテンスです。

I picked up the wrong one because they look similar.
似ているので、間違ったものを手に取ってしまいました。

You have to pick up a few before you choose one.
君は1つ選ぶ前に、いくつかを手に取らなくてはなりません。
※「すぐにわからない」という意味。

I want to be able to pick things up without wondering if I have the right one.
正しいものであるか、考えることなく、ものを手に取れるようにしたいです。

✏️ 製造ボキャ＋α

in order　整然と、整頓されて／ without doing　…しないで／ at a glance　一見して、一目見るだけで／ look similar　似ている／ wonder if ...　…ではないかと思う

> **I put my oolong tea bottle on my left, and put my water bottle on my right.**
> ウーロン茶のボトルを左に、水のボトルを右に置く。
>
> **You are picking up the both at the same time!**
> 両方一緒に手に取ってるだろ。

第4章　5S　整理、整頓、清掃、清潔、しつけ

06 整頓3 ラクに元に戻す

VERB **Return** 戻す

ものを手に取ったら、それを元に戻すことになります。そのときにも余計な時間をかけたりしたくありません。

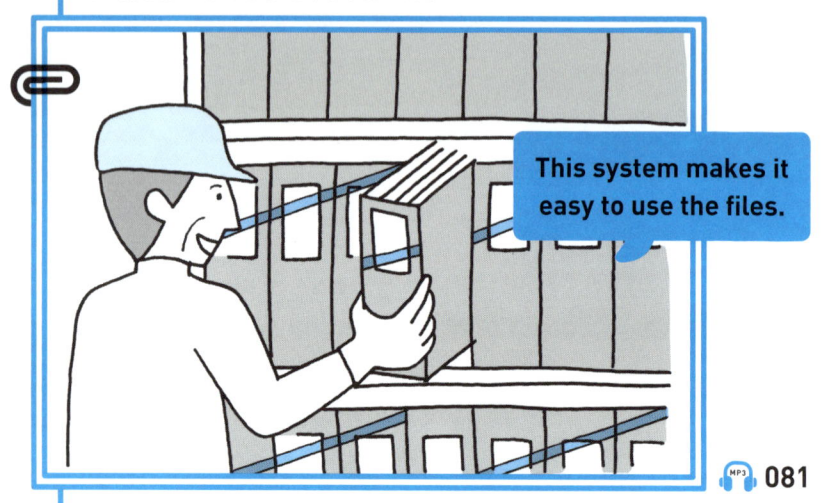

> This system makes it easy to use the files.

Look at this shelf. These files are organized very neatly.
この棚を見てください。ファイルがとてもよく整えられています。

You can easily return a file to the right place after you've used it.
使った後に、正しい場所に簡単に戻せますね。

It's easy to see if a file is returned to the wrong place.
間違った場所に戻すと、すぐにわかります。

This system makes it easy to use the files.
このしくみは、ファイルの使用をラクにしていますね。

整頓では、いろいろとアイディアを出し合って、ものを持ち出したり、しまったりする作業がラクになるよう努めます。整理、整頓は、面倒な仕事と勘違いされがちですが、実はこうして作業をラクにして、間違いも減らしていくためにあるのです。

▶ パワーアップフレーズ　　🎧 082

ものを戻すときの表現です。

Please return the wrench to where it belongs.
レンチを決まった場所に戻してください。

I didn't know where to return the pliers.
ペンチを戻す場所がわかりませんでした。

Somebody has returned the missing files.
誰かが紛失したファイルを戻しました。

The files have been restored.
ファイルが返却されました。
※「(なくなっていたもの、盗まれたもの)を返す」という意味合いもあります。

✏ 製造ボキャ+α

organize　整理する、整える／ neatly　適切に、きちんと／ belong　(ものがあるべき場所に)ある／ missing　見当たらない、紛失した

Now I know where to return it, but I just can't reach!
今や戻す場所はわかったけれど、そこに届かないのだ。

Just use the stepladder.
脚立を使えば。

07 清掃 1 職場をきれいにする

| VERB **Clean** | きれいにする |

清掃へ話が進んでいきます。ただ掃除をすることとの違いについて会話がなされます。

> Yes, but they also clean while they are working.

083

You see how how well the operators here clean their worksite.
ここの作業者は、実に職場をきれいにしているとわかるでしょう。

I suppose they clean the site everyday after work.
毎日、仕事の後にきれいにしているのでしょうね。

Yes, but they also clean while they are working.
ええ、仕事中にもきれいにしているのです。

I see, they try not to make a mess even during their operations.
なるほど、作業中も散らからないようにしているのですね。

5Sの3つ目は、清掃です。職場が散らからないように掃除をしますが、仕事が終了してからだけでなく、仕事をしている間にも、できるだけきれいな環境を維持するよう取り組みます。
　たとえば木材を切って、細かな木屑が飛べば、それが機械に入り込むなどのリスクがあります。それならば、できるだけ木屑は舞い散らないようにすべきで、そうすれば作業後の掃除も短くて済むわけです。

▶ パワーアップフレーズ　🎧 084

Please clean up the mess.
散らかったものをきれいにしてください。

Please clean the floor with a broom.
ほうきで床をきれいにしてください。

Our work place is messy and dirty.
私たちの職場は、散らかっていて汚いです。

Do we have enough cleaning tools?
掃除道具は十分にありますか。

モップ　mop
ちり取り　dustpan
電気掃除機　vacuum cleaner

✏️ 製造ボキャ＋α

mess　乱雑、散らかったもの／with　…を使って、…とともに／messy　散らかった／dirty　汚い、汚れた／at least　少なくとも

I wash myself quite often.
いつも自分のことを洗っているよ。

Of course you should, at least once a day.
最低1日1回は、もちろんそうすべきさ。

08 清掃2 現場を輝かせる

VERB **Shine** ：輝かす、光らせる、磨く

清掃で行うことの1つとして「磨くこと」があります。なぜそれが必要なのか、理由があるようです。

> We try to shine everything.

085

We try to shine everything.
すべてを輝かせようとしています。

Shine? Why do you need to do that?
輝かす。なぜそうする必要があるのですか。

By polishing a machine, for example, we can find if there is anything wrong.
たとえば機械を磨くことで、何かおかしなところがないか、わかるのです。

I see what you mean.
なるほど、そういうことですか。

清掃では、ものを磨いて輝かせるのも特徴です。ものは磨いていると、きれいになるだけでなく、不具合が見つかるものです。ヒビが入りかけている、油が落ちた跡があるなど、問題が大きくなる前に目に入ってきます。清掃が行き届いた職場は、ピカピカに磨かれているものです。

▶ パワーアップフレーズ 🎧 086

Let's make the floor shine.
床を輝かせよう。

I found a crack while I was shining the machine.
機械を（磨いて）輝かせていて、ヒビを見つけました。

「磨く」理由について話します。

We can find many small problems when we make things shiny.
ものを輝かせるときに、たくさんの小さな問題を見つけられます。

We can find problems when they are still small.
また問題が小さいときに、見つけることができます。

Problems have to be found before they get bigger.
問題は大きくなる前に、見出されなくてはなりません。

✏️ 製造ボキャ＋α

polish　磨く、つやを出す／ crack　ヒビ、割れ目

> **When items look shiny, I think they are being properly cared for.**
> ものが輝いていると、適切に扱われているのだと思えます。
>
> **Wow! For once you are so smart.**
> おぉ。今回は実にかしこいぞ。

第4章　5S　整理、整頓、清掃、清潔、しつけ

09 清掃3 拭いてきれいにする

| VERB | **Wipe** | 拭く |

2人の会話が進んでいきます。ジョウには、わかっていながら清掃をしていないところがあったようです。

> I'm wiping the surface of the conveyer belt.

087

- **I'm wiping the surface of the conveyer belt.**
  ベルトコンベヤの表面を拭いています。
- **You should also wipe out the inside.**
  内側も拭くべきでしょう。
- **I know, but it's not easy to do.**
  わかっていますが、簡単ではないのです。
- **We should wipe dust away from the back of the belt once a week.**
  週に一度は、ベルトの裏から埃を拭い取るべきです。

清掃の作業がたいへんな場所や機械もありますが、清掃活動が行き届いている職場では、清掃しにくい場所や機械についても、清掃作業の計画が立てられているものです。頻度が少ない場合でも、「最後に掃除したのはいつか」「次回はいつ行うか」について、はっきりとわかっているのです。

▶ パワーアップフレーズ　🎧 088

「拭く」ことについて話すセンテンスです。

I wipe down this process machine every evening.
毎晩、この加工機を拭いています。

※ wipe down は、「上から下まで丁寧に拭く」というニュアンスがあります。

I wipe the complex parts of the machine with waste cloths.
機械の複雑なところをウェスで拭きます。

※ waste cloth「ウェス」とは、ちょっとした汚れを取るために使う「衣類の切れ端」のことです。

Please wipe this table clean.
このテーブルをきれいに拭いてください。

Can you wipe the dust with a wet towel?
濡れタオルで、埃を拭いてもらえますか。

✏️ **製造ボキャ+α**

once a week　週に一度／ complex　複雑な、入り組んだ

> **I wipe my towel across my neck.**
> タオルで首を拭いているよ。
>
> **You are sweating a lot!**
> たくさん汗をかいてるね。

第4章　5S　整理、整頓、清掃、清潔、しつけ

10 清掃4 床をモップがけする

VERB Mop : モップをかける

ジョウは、清掃をしていて気付いたことがあるようです。2人は、それについて話し合います。

> I was mopping floors the other day.

089

I was mopping floors the other day.
先日、床をモップがけしていました。

Did you find anything?
何か見つけましたか。

I found a lot of oil stains that have never been cleaned.
掃除されたことのない油しみが、たくさんありました。

It's good you mopped and wiped them all. It wasn't very safe with them there.
モップがけで、すべて拭き取ってくれてよかったです。そのままだと、あまり安全ではありませんでした。

床や機械を掃除していて、油汚れなどを発見する場合があります。その場合には、なぜそこに油汚れがあるのかという疑問から、必要に応じて対策を講じることにもなりますから、汚れを見つけることは、大事な発見になり得るわけです。

▶ パワーアップフレーズ 🎧 090

When you mop carefully, you also watch carefully.
丁寧にモップがけしているときは、注意深く見ているものです。

Please mop the dirt off the bench.
モップで作業台から、汚れを取ってください。

I brush the floors every morning.
毎朝、床をブラシで洗います。

I scrub the factory wall to remove stains.
汚れを取るために、工場の壁をこすって洗います。

※ scrub は「力を入れてこする」場合に使います。これに対して、前節に出てきた wipe は（力は入れていても）「拭き取る」というニュアンスで用います。

✏️ 製造ボキャ＋α

stain　しみ／ dirt　汚れ／ bench（職人・作業者の）作業台／ brush　ブラシをかける、ブラシで磨く／ be supposed to ...　…することになっている

When I mopped, the floor became flooded.
モップをかけたら、床が水浸しになったよ。

You were supposed to squeeze the mop!
モップをしぼらないとダメだろ。

第4章　5S　整理、整頓、清掃、清潔、しつけ

11 清潔1 活動を標準化する

VERB Standardize : 標準化する

2人の会話は、清潔に進んでいきます。4つ目のSである清潔では、どんなことをするのでしょうか。

引き出しの中 / 毎日の活動

> We want Seiri, Seiton and Seiso to be our factory standard.

091

- **We want Seiri, Seiton and Seiso to be our factory standard.**
  整理、整頓、清掃が、工場の標準となってほしいです。

- **Yes. We can standardize them through our daily cleaning activities.**
  はい。日々の清掃活動を通じて、標準化することができます。

- **Our group is doing OK, but to standardize throughout the whole factory...**
  私たちのグループは大丈夫ですが、工場全体で標準化するのは…

- **I know other groups have to start doing this as well.**

そうですね、他のグループも、同様にはじめなくてはなりませんね。

　5Sの4つ目の清潔とは、はじめの3つのSである「整理、整頓、清掃」を組織全体の標準とすることです。
　それには、会社や工場の一部で活動を行うだけでなく、全社的な活動とすることが必要です。そして、活動を定着させるよう取り組んでいきます。

▶ パワーアップフレーズ　　🎧 092

「標準化する」と述べるセンテンスです。5S以外にも、「業務や作業の標準化」全般に使える表現ばかりです。

That means the work is not standardized.
それは、仕事が標準化されていないということです。

We must standardize our operation method.
作業の方法を標準化しなくてはなりません。

Once we standardize it, we can try to meet the standard.
標準化すれば、標準に合わせるよう取り組めます。

If we don't standardize, there is nothing we can improve.
標準化しなければ、改善できるものがありません。
※「標準を設けて、その標準を改善していく」という考え方をするためです。

✏️ 製造ボキャ＋α
throughout　…の至るところで

Our group is the only one doing well!
ボクたちのグループだけが、うまくやっている。

He is in high spirits.
燃えているなぁ。

12 清潔2 活動を継続する

VERB Continue　　　継続する

整理、整頓、清掃を維持していくには、どんなことをすればよいのでしょうか。2人が話し合います。

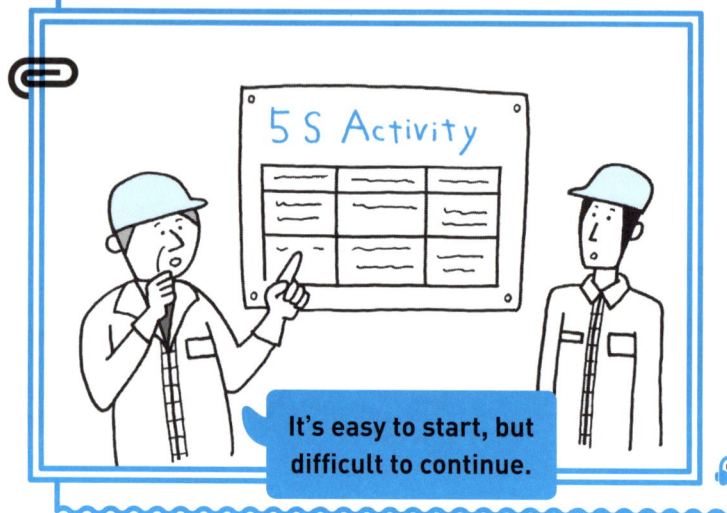

> It's easy to start, but difficult to continue.

093

- **It's easy to start, but difficult to continue.**
  はじめるのは簡単ですが、続けるのが難しいです。

- **I suppose so.**
  そうだと思います。

- **We will have to continue cleaning from now on.**
  これからは、清掃を続けなくてはなりません。

- **We may need to organize a committee to keep this going.**
  続けていくために、委員会の組織が必要かもしれません。

5Sでは通常、委員会を設置します。会社や工場の各部門からメンバーを集め、任期を決めて活動します。委員会は、全体の計画立案や進捗の管理を行いますが、5S活動そのものは、全職場の全従業員が行っていきます。あくまでも全員参加の活動であることを忘れないようにしましょう。

▶ パワーアップフレーズ　🎧 094

「継続する」という表現です。

Cleaning should be continuous in our facility.
当社施設において、清掃は継続されるべきです。

We maintain a clean factory.
きれいな工場を維持します。

I don't know how long we should continue.
どのくらい続ければよいのか、わかりません。

We need to continue cleaning ad infinitum.
清掃は永久に続ける必要があります。

✏ 製造ボキャ＋α

from now on　from now は「これから」という意味を表しますが、from now on とすることで「これからずっと」という意味になります／ continuous　継続的な、連続の／ maintain　維持する／ ad infinitum　永久に（＝ forever）

I will continue trying new ice cream flavors!
新しいアイスクリームの味を試し続けるぞ。

Go back to your work!
仕事に戻りたまえ。

13 しつけ 活動を持続させる

VERB Sustain : 持続させる

「しつけ」について会話がなされます。「しつけ」とはどういう意味を表すのか、上手に説明できるよう表現を学びましょう。

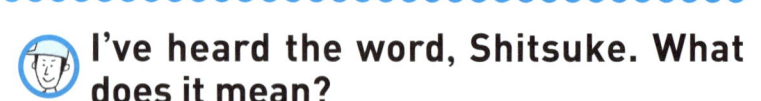

> We sure want to sustain our good efforts.

5S … Seiri
Seiton
Seiso
Seiketsu
Shitsuke

MP3 095

I've heard the word, Shitsuke. What does it mean?
Shitsuke という言葉を聞きました。どんな意味でしょうか。

It means discipline. It's to sustain the rules of good 4S behavior.
しつけという意味です。優れた 4S 行動のルールを維持することです。

I see. We sure want to sustain our good efforts.
なるほど。もちろんよい努力を続けたいです。

Yes. Our activity needs to be sustainable.
はい。活動は持続するものでないといけません。

5Sの5つ目のSである「しつけ」とは、4Sの活動を継続して、組織の文化とすることです。そうなれば活動は継続され、年月の経過とともに、一層組織に根付いていくはずです。新しい世代も同じように取り組んでいくことが期待できます。

▶ パワーアップフレーズ　　🎧 096

「しつけ」について話すときに便利なセンテンスです。

This activity should be sustained.
この活動は、持続されるべきです。

When we keep doing something, it becomes part of our culture.
何かを続けていると、それは自分たちの文化の一部になります。

Sustaining good behavior means new people also pick it up.
よい行動を持続すると、新人たちもそれを真似ることになります。

A good culture takes generations to develop.
よい文化は、できあがるのに何世代もかかります。

We have inherited our good discipline from our elders.
先輩たちから、よい規律（しつけ）を受け継ぎました。

✏️ 製造ボキャ＋α

sustainable　持続できる／take generations　何世代もかかる／inherit　受け継ぐ、継承する

I'm a man of good discipline.
ボクは、しつけのよい男です。

Are you sure?
本当かぁ。

> COLUMN　プラクティカルな英語学習 ⑤

矛盾している2つのこと
実は両方とも正しいのです

　英語は、たった今覚えたことでも、それを話して通じさせることができます。だから練習すれば、すぐ身に付いて、どんどん話せることが増えていく。これは本当のことです。

　どこかで買い物をするようなときでも、テキストを見て、「もっと小さいサイズはありませんか」「違う素材のものがいいです」というフレーズを暗記し、実際にお店で話してみることで、実力が付いてきます。生産の現場でも、使えそうなフレーズを覚えて、積極的に話してみることで、コミュニケーションが取れるようになっていきます。ぜひ繰り返しやってみたいですね。

　しかし、その一方で、「少しくらい取り組んだだけで、それほどうまくなるものではない」ということもできます。矛盾していますが、実はこれも本当のことなのです。

　海外赴任や留学などで、しばらく現地に滞在した人が、英語で話せることが増えても、上達を実感できているかといえば、それほど感じていないこともめずらしくありません。

　話せることが少しずつ増えることと、上達を感じることは、必ずしも比例しないようです。ですが、熱心に取り組んでいるのに、なかなか上達を感じられない人には、覚えておいてほしいことがあります。

　それは、上達を実感するには、かなり時間がかかるということです。話すことはもちろん、聞くことも、読むことも、書くことも、一定期間取り組んで、うまくなれないと悩みながら、それでも取り組み続けていると、「少しわかってきたかな」というときが訪れます。これは英語を習得した多くの人が感じることです。

　「聞く」「話す」に取り組んできた人なら、以前より随分と聞き取れるし、話すことも通じはじめたと感じます。そして、そこからまた上達を感じられない期間が続きます。それでも続けていると、あるとき

に次の地点へ到達します。

　たとえば、0の地点で努力を続けていたら、あるとき急に10の地点へたどり着き、そこでまた頑張っていたら、突然20に到達するというイメージです。これがもっと上の地点までどんどん続いていきます。

　おもしろいのは、一度10なら10の地点へ到達すると、そこから力は下がっていかないことです。「しばらく英語を話していなかったので、以前のようにすぐに口から出てこない」ということはあるかもしれませんが、一度10の地点に到達すれば、何日か話しているだけで10の力はよみがえってきます。

　もし、しばらく英語に接しなかったので本当に忘れてしまったということがあれば、それは実際には10の地点には到達していなかったということです。これは10の地点でも30の地点でも、そこから上でも同じことです。

　上達して「次の地点への到達」を実感するのは、なかなか気持ちのよいものです。まだ経験したことがなければ、地道に少しずつ話せることを増やしながら、実感できるまで続けてみましょう。

イラストで読み解こう 9

7つのムダ
Seven types of waste

097

Waste of making defects
不良をつくるムダ

Waste of motion
動作のムダ

Waste of inventory
在庫のムダ

Waste of processing
加工のムダ

7つ

Which one of the seven types do you think is the worst waste?
7種類のどれが、最悪だと思いますか。

I don't know which one. I think they are all equally bad.
どれかわかりません。すべて等しくわるいように思います。

Please remember waste of overproduction is the worst.
つくりすぎのムダが最悪と、覚えておいてください。

Why is it the worst waste?
なぜそれが最悪のムダなのですか。

製造ボキャ+α

worst 最悪の（bad の最上級）／ equally 等しく、同じように／
overproduce つくりすぎる／ lead to ... …を引き起こす、…につながる

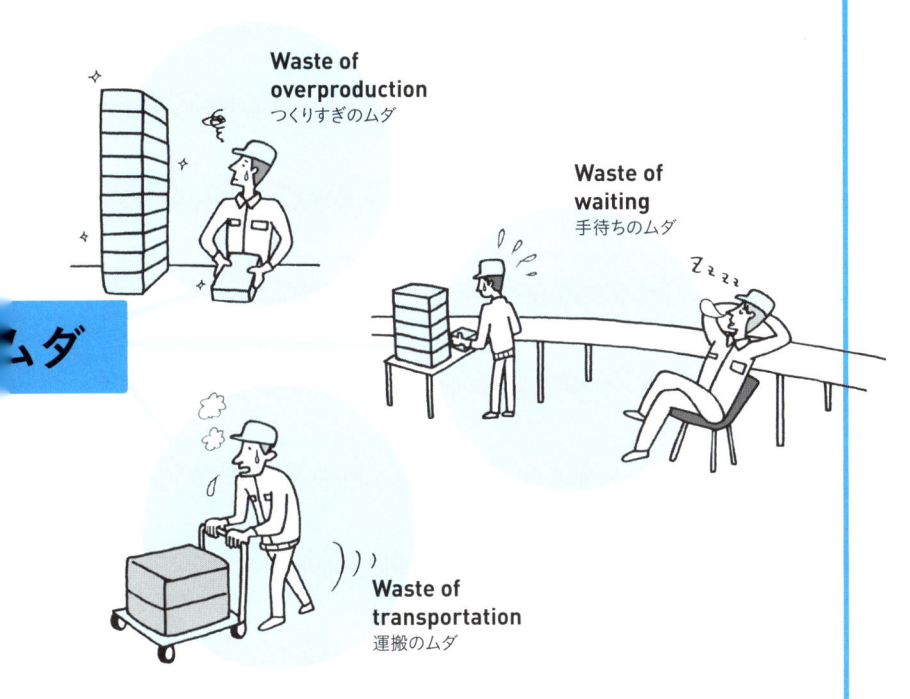

Waste of overproduction
つくりすぎのムダ

Waste of waiting
手待ちのムダ

Waste of transportation
運搬のムダ

If you overproduce, you will have extra inventory.
つくりすぎると、余分な在庫ができます。

I see what you mean.
なるほど、わかります。

Then you would need people to count and carry that extra inventory.
そうすると、その余分な在庫を数え、運ぶ人が必要になります。

You mean overproduction leads to other waste as well.
つくりすぎは、他のムダも引き起こすということですね。

イラストで読み解こう 10

多品種少量生産

🎧 098

Production of many models in small quantities

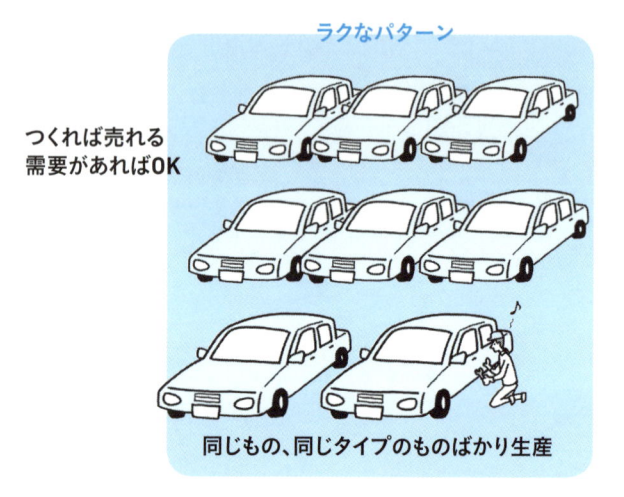

ラクなパターン

つくれば売れる
需要があればOK

同じもの、同じタイプのものばかり生産

Easier to practice
ラクなパターン

We produce different types of products in small quantities.
私たちは、異なる種類の製品を少量生産します。

Is that because customers' needs vary?
それは、顧客のニーズが異なるからでしょうか。

Yes. We always have to respond to market demands.
はい。いつでも市場の需要に応えなくてはなりません。

What's most difficult about producing many types in small quantities?
多品種少量生産で、最も難しいことは何でしょうか。

製造ボキャ＋α

vary　異なる、さまざまである／ deal with …　…に取り組む、対処する

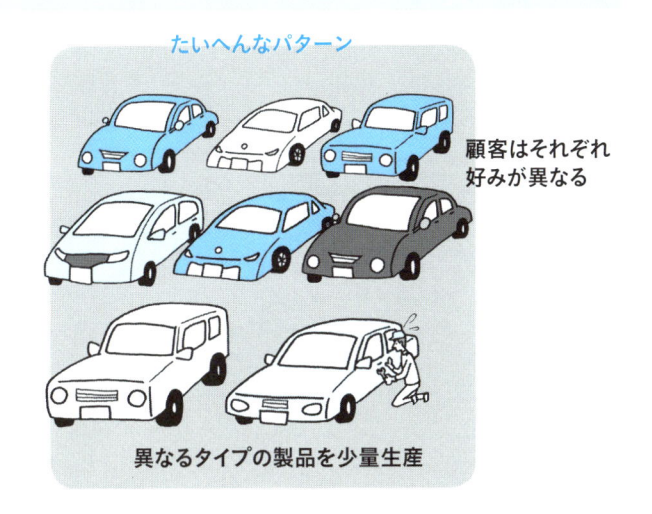

たいへんなパターン

顧客はそれぞれ好みが異なる

異なるタイプの製品を少量生産

More difficult to practice
よりたいへんなパターン

More parts and inventories,
More things to do,
More expensive to produce
より多くの部品と在庫、やることも多く、高くつく

Limited demand　限定的な需要
Variety　多様(性)
Variety of products　多様な製品

First, it's more expensive than only making one or two products.
まずは、1つか2つの製品だけをつくるよりも、価格が高くなることです。

I suppose you have to have many different parts and materials.
多くの異なる部品や材料を持たなくてはいけないのでしょう。

Sure. It's a big issue dealing with cost reduction.
そうです。コスト削減に取り組むのが、大きな課題です。

I see. Do operators have to learn many production skills as well?
なるほど。それに作業者は、多くの生産スキルを学ぶことになりますか。

イラストで読み解こう 10

Yes. It's also difficult ensuring people are multi skilled.
ええ。皆を確実に多能工にするのも難しいですね。

　限られた品種（モデル、仕様など）だけを大量生産（mass production）するのではなく、数多くの品種の供給を求められるのが、生産活動がたいへんになる原因の1つです。

　2人の顧客が同じモデルを購入するとしても、1人が赤色を求め、もう1人が白色を求めれば、2つの仕様が必要になりますから、そうしたニーズに応えようとすれば、品種はどんどん増えていくことになります。

　多品種を生産することは、それだけで手間のかかることですし、数多くの品種を（しかも少量ずつ）生産すれば、その分コストも高くなるのがやっかいなところです。コストがかかった分だけ顧客が支払ってくれるなら問題はないのでしょうが、競合他社がコスト削減に成功したら、その会社に顧客をうばわれることになってしまいます。

コウとジョウは、そうした多品種少量生産を前提とした環境において、いかにコスト削減に取り組むことが必要かという話をしています。

　多品種少量生産は、production of many models in small quantities 以外にも、以下のような表現でいい表すことができます。
production of many types (specifications) in small quantities
production of small quantities of many different products
production of small quantities of many models

スキルマップ
Skill map

Multi-skilled development planning sheet (多能工化訓練計画表)		Group					
		Group leader					
Process No. 工程番号		1	2	3	4	5	6
Process 工程名		Mount	Measure	Wash	Print	Adjust-ment	Solder
No.	Operator 作業者名						
1	Kubota	●	●	●	●	●	●
2	Saito	●	●	●	●	●	●
3	Abe	●	●	●	●	●	◐
4	Koike	◐	◐	◐	●	●	○
5	Tanaka	○	○	○	○	○	○
6	Iida	○	●	●	○	○	○

This is a skill map we display at our worksite.
これは、職場に掲示しているスキルマップです。

There are the names of operators and processes.
作業者の名前と工程があります。

Yes. A black circle means that the operator can teach that particular process.
はい。黒丸は、作業者がその特定の工程を教えられるということです。

What does a half black circle mean?
半分黒い丸は、どういう意味ですか。

製造ボキャ＋α

display 提示する、表示する／visual 目で見える

Operator					
Date	Dec 21, 2018				
7	8	9	10	11	12
Adjustment2	Visual Inspection	Wiring	Coating	Quality Check	Finish
●	●	●	●	●	●
●	●	◐	◐	◐	●
◐	◐	○	○	◐	○
○	●	●	◐	◐	◐
○	○	◐	◐	●	●
○	○	○	○	○	○

Multi-skilled development
多能工化

Multi-skilled operator
多能工

Single-skilled operator
単能工

Multi-skilled development training
多能工化訓練

Multi-skilled development activity
多能工化のための活動

That means the operator can take care of the process, but can't teach it.
それは作業者が、そのプロセスをこなせますが、教えられないということです。

White means they can't do it at all. Am I right?
白は、まったくできないということ。正しいでしょうか。

Yes. This is one of the visual management methods we adopt here.
ええ。これはここで採用している、目で見る管理手法の1つです。

I see. This way, we can tell at a glance who can or can't do what.
なるほど。こうすれば誰が何をできるか、できないか、一目でわかりますね。

COLUMN　プラクティカルな英語学習 ❻

避けることはできない
恥ずかしい思い、気まずい思い (1)

　英語を使いこなせるようになりたければ、もう1つ覚えておくべきことがあります。

　それは、「恥をかかずに上達はしない」ということです。恥ずかしい思いをしたり、気まずい状態に陥ったりすることが少ないとすれば、それはおそらく十分に社交をしていないか、1人で行動していないからでしょう。

　英語を勉強しはじめの頃は、レストランに入って1人で食事をするだけでもわからないことだらけのはずです。

　英語圏へ行ったら、ファミレスのような店でいいですから、1人で入ってフルコースの食事をしましょう。「1人」「フルコース」というのが大事です。なぜ1人が大事なのかは説明の必要がないでしょう。1人で全部話すのがよいからです。それではなぜフルコースなのか。それはフルコースを頼むと、とにかく話すことが多くなるからです。

　ファミレスのフルコースというのは、たとえばアメリカ式でいえば、スープかサラダのどちらか、メインディシュ、デザートと続きます。スープは普通2種類用意されていますから、どちらかを選ぶことになりますし、ドレッシングも数多くある中から選ぶ必要があります。メインディシュでは付けあわせも選べますし、たとえば付けあわせでベイクドポテトを選べば、バターはどうするか、ベーコンやサワークリーム、グリーンオニオンはのせるかなど、ウエイターと話すことはたくさん出てきます。メインディッシュに付いてくるパンの種類も2種類くらいはありますから、これもまた選ぶことになります。

　デザートは、今選びますか、それとも食事を終えてからにしますか、と聞かれるかもしれませんから、それにもきちんと答えます。

　海外で1人で食事をする機会があるときは、できるだけファーストフードは避けて、店の人と話してゆっくりできるところを選びましょう。

まだサラダを食べているときに、ウエイターがメインディシュを持ってきてしまい、あなたの様子を見て、「少し早すぎましたか。もう少し後にお持ちしましょうか」といったとします。まずは、これを聞き取って理解できるかどうか。はっきり言葉がわからなくても、その様子から状況を理解できたとしましょう。そのときに、「ああ、いいですよ。そのまま（ここに）置いてください」あるいは「そうですね。もう少し後でお願いします」といえるでしょうか。

　そうした一言をいえるかどうかが、英語を話せるかどうかです。できれば好感度の高い話し方をしたいですね。それでもかっこよく話せるようになるまでには、時間がかかるものです。私自身もファミレスへはアメリカへ行ったばかりの頃に頻繁に訪れてフルコースを注文していましたが、10回も20回も試してみて、ようやく余裕を持って振る舞えるようになったのです。それまでは、毎回のように赤面する場面がありました。
　試験の4択問題から正解を選ぶこととは、だいぶ違うのがわかるでしょう。4択問題では赤面するようなことも、気まずくなることもありませんが、誰かと面と向かって話すときは、相手のいうことが理解できなかったり、何というべきかわからなければ困ってしまうものなのです。（176ページ「避けることはできない　恥ずかしい思い、気まずい思い（2）」へ続く）

第 **5** 章

現場で作業 (1)
手作業、機械・工具を扱う

　現場作業で使う動詞と会話センテンスです。

　ここでは、手作業や、機械・工具を使った作業、およびそれに関連した内容をカバーしていきます。

　各節で使いやすいフレーズや英語表現を見つけられるはずです。

01 さまざまな調整を施す

VERB **Adjust**　　　　調整する

作業現場の作業では、ともかく頻繁に使う言葉です。どんなふうに会話で用いるのか、例を見てみましょう。

> What do you need to adjust so often?

Do you need to adjust the machine everyday?
その機械は、毎日調整がいりますか。

Oh, yes. I have to make adjustments all the time.
はい。いつでも調整が必要なのです。

What do you need to adjust so often?
何をそんなに調整するのですか。

Different products require different setups and changeovers.
異なる製品には、異なるセットアップと段取り替えがいるのです。

adjust は、「生産ライン全体の調子を整える」「機械の調子を整える」「在庫の数量を調整する」など、広い範囲で使います。名詞形 adjustment を使った make adjustments あるいは make an adjustment という表現もあります。

changeover は「段取り替え」という意味で、同じ機械を使って異なるモデルを製造する際などに行う、セットアップの変更作業のことです。

▶ パワーアップフレーズ　🎧 101

在庫の調整と人数の調整です。

They adjust the amount of inventory.
彼らは在庫量を調整します。

Your group leader must adjust the number of operators.
班長は、作業者の数を調整しなくてはなりません。

adjustment time（調整の時間）に関する表現です。

How much time do you need for the adjustment?
調整にはどのくらい時間がいりますか。

We don't have enough time for the necessary adjustment.
必要な調整に十分な時間がないのです。

🖊 製造ボキャ＋α

adjustment　調整（すること）

I have to loosen my belt... excuse me.
ベルトを緩めないと…すみません。

What kind of adjustment is that?
何の調整なんだ。

02 どうやって組み立てる

VERB Assemble　　　組み立てる

これも現場の作業では、日常的に使う言葉です。紹介する表現を使いこなせるようにしましょう。

> How many people are assembling these units?

102

How many people are assembling these units?
何人がこれらのユニットを組み立てていますか。

Yesterday we had four operators to assemble these.
昨日は4人の作業者が組み立てていました。

Do you have a different number of people today?
今日は違う人数なのですか。

Yes, it depends on how many units our final assembly section needs each day.
ええ、毎日、最終組立工程がいくつ必要とするかで異なります。

単純に「これを組み立てます」というだけでなく、たとえば、会話センテンスに出てくるような組立作業の話において、assemble という言葉を正確に使えることを目指しましょう。

▶ パワーアップフレーズ 🎧 103

We assemble three different kinds of products here.
ここで、3種類の異なる製品を組み立てます。

The custom-made machine is being assembled on this line.
特注の機械が、このラインで組み立てられています。

assembly（名詞）として使った場合の例です。

Do you use robots for assembly?
組み立てにロボットを使いますか。

We have a new assembly plant in Indonesia.
インドネシアに、新しい組立工場があります。

The assembly procedure for this product is not standardized yet.
この製品の組み立ての手順は、まだ標準化されていません。

✏️ 製造ボキャ＋α

custom-made … 特注の…、あつらえた…／ procedure 順序、手順

> **I have my own way of assembling this!**
> 自分には、自分の組み立て方がある！
>
> **That's no good. It has to be standardized.**
> それはよくないんだよ。標準化されないと。

03 ラベルを貼る

VERB **Attach** 貼る、付ける

確実に使いこなしたい表現の1つです。手で貼る場合も、機械で貼る場合もあります。

> Are the operators attaching the labels by hand?

104

I see labels are attached to the boxes.
箱にラベルが貼られているのが見えます。

They are barcode labels.
バーコードのラベルです。

Are the operators attaching the labels by hand?
作業者は、ラベルを手で貼っていますか。

They normally use machines to attach labels.
通常は、機械でラベル付けします。

「…に貼り付ける（くっつける）」というときは、attach to ... として、attach に続いて to を用います。例文を覚えることで、こうしたことを感覚的に身に付けていきましょう。

「〜を…に貼り付ける（くっつける）」であれば、attach〜to ... となり、たとえば He attaches a barcode label to the carton.（彼はカートンに、バーコードを貼り付ける）のようにいうことができます。

▶ パワーアップフレーズ　🎧 105

A Kanban card is attached to the items.
ものにカンバンが取り付けられています。

Who's attaching the Kanbans?
誰がカンバンを取り付けていますか。
※ Kanban とは、生産工程間の伝達に使うカンバン（カード）のことです。

I attached a memo to the report. Did you see it?
レポートにメモを付けました。ご覧になりましたか。

Please detach the labels attached to the boxes.
箱に貼られたラベルを剥がしてください。

✏️ 製造ボキャ＋α
by hand　手で、手を使って／ detach　取り外す、剥がす

What do you have attached to your back?
背中に何を付けてるんだ。

……ガムテープが付いていた

第5章　現場で作業（1）　手作業、機械・工具を扱う

04 鉄板を曲げる

VERB **Bend** : 曲げる

ものを「曲げる」という表現です。どのような使い方をするのか見てみましょう。

> Wow! He bent the plate again.

106

How can he bend metal plates so well?
彼は、何と上手に鉄板を曲げられるのでしょう。

He isn't even using a machine to do that.
機械さえ使っていませんね。

Wow! He bent the plate again.
わぁ。また曲げましたよ。

Now the plate looks twisted.
板が、ねじ曲がったようになりましたね。

bendは「曲げる」、twistは「ねじ曲げる」というイメージで捉えましょう。

会話センテンスは、比較的簡単に覚えられると思いますが、bendについては、発音もよく聞いてみてください。bやdの音を真似て練習してみましょう。過去形はbentといいます。

▶ パワーアップフレーズ　🎧 107

さらにセンテンスを見てみましょう。

The veteran craftsman is bending metal bars with a hammer.
ベテランの職人が、ハンマーで金属棒を曲げています。

I see the artisans make a lot of fine adjustments by hand.
職人が手で、実にうまく調整するのが見えます。

He isn't really bending, but making a good curve.
実際は曲げているのではなく、上手に丸みを付けています。

🖊 製造ボキャ＋α

craftsman　（男性の）職人／artisan　職人

I am bending down...
腰が曲がった…

Is it hurting your back...?
腰が痛むのか…

第5章　現場で作業（1）　手作業、機械・工具を扱う

153

05 大きな声で数える

| VERB | **Count** | 数える |

和製英語としても普通に使う言葉ですからマスターしやすいはずです。どんな表現をするのか見てみましょう。

> You must count these boxes out loud.

You must count these boxes out loud.
これらの箱は、大きな声で数えなくてはいけません。

Why is that?
なぜでしょうか。

People often miscount when they don't count out loud.
大きな声で数えないと、皆よく数え間違うのです。

I see. No wonder everyone here is counting everything loudly.
なるほど。それで、ここでは誰もが大声で数えているのですね。

工場の現場では、気を抜いた作業をしていると数え間違いをするものです。つまり間違った数量を次工程に渡してしまったり、場合によっては顧客に発送してしまうといった事態が起こります。大きな声で数えるのは、間違いを防ぐための基本です。

▶ パワーアップフレーズ　　🎧 109

合わせて練習したいセンテンスです。

You need to count twice.
二度数える必要があります。

I read out the numbers printed on the cartons.
カートンに印刷された番号を読み上げています。

Would you please repeat the number?
番号を繰り返し読み上げていただけますか。

Yes. We can avoid making mistakes by doing so.
はい。そうすることで間違いを防げますね。

✏️ 製造ボキャ＋α

miscount　数え間違う／ no wonder　道理で…だ、…は当たり前である／ repeat　繰り返していう

　　　　　　　　　　　　　ワァー！（叫んでいる）

Hey, you don't have to shout!
おい、叫ばなくていいぞ。

06 電線でつなぐ

VERB Connect　　つなぐ

作業でよく使う言葉です。ここでは複数の構成部品を「つなぐ」という会話がなされています。

> Then, these components will be connected to another bigger one.

🎧 110

Operators connect these two components with nuts and bolts.
作業者は、2つの構成部品をナットとボルトでつないでいます。

They make sure the bolts are well tightened.
ボルトがきちんと締められているか、確かめます。

The components are also connected by power cables.
それらの構成部品は、電線でもつながれます。

Then, these components will be connected to another bigger one.
そして、これらの構成部品は、もう1つの大きなものにつながれます。

コウとジョウの会話は、それほどややこしい内容ではないものの、はっきりと伝えないと相手が混乱してしまいそうな話です。このような話は、大きな声ではっきり発音しながら話すことが大切です。その点に気を付けて練習しましょう。

▶ パワーアップフレーズ　🎧 111

さらに例文を見てみましょう。

Connect electric wires
電線をつなぐ

Some related sections are also connected online.
関連したセクションは、オンラインでもつながっています。

工程のつながりについてのセンテンスです。

Each production process is connected with its earlier and later process.
各生産工程は、前工程と後工程に連結されています。

They are linked to complete a product.
それら（前工程と後工程）は製品を完成するために、つながれています。

✏️ 製造ボキャ＋α

component　部品、構成要素／ make sure　確かめる／ tighten　（きつく）締める

I dream about a powerful connection to some nice restaurants.
いいレストランに、すごいコネがあるといいけど。

That's a different kind of connection!
それは意味が違うだろ。

第5章　現場で作業（1）手作業、機械・工具を扱う

07 鉄を切る

VERB Cut　　切る

「切削工具で切る」「レーザーで切る」といった表現が登場します。

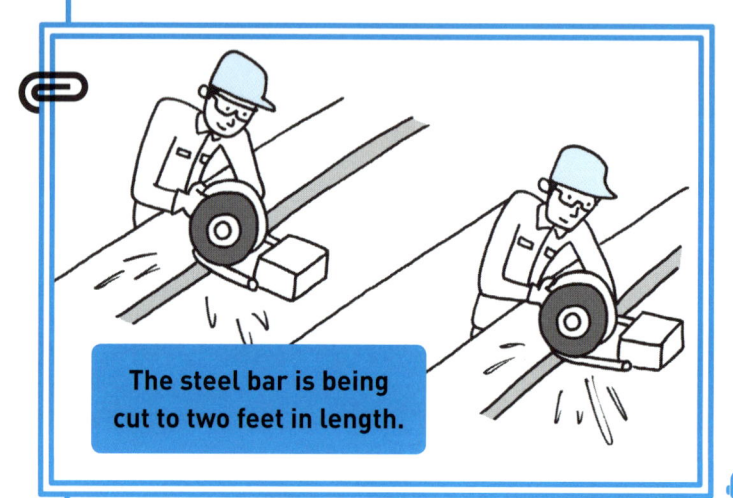

The steel bar is being cut to two feet in length.

112

They use these cutting tools to cut metals.
彼らは鉄を切るのに、これらの切削工具を使います。

The steel bar is being cut to two feet in length.
鋼製(こうせい)の棒が、2フィートの長さに切られています。

I heard they use lasers to cut metal plates.
鉄板を切るのに、レーザーを使うと聞きました。

Yes, they use lasers to trim by cutting off any unnecessary bits.
ええ、必要ない部分を切り落として整えるのに、レーザーを使います。

2つ目のセンテンスのような「○○くらいの長さに切る」という表現や、4つ目のセンテンスのような「切って整える」といった表現は、それぞれよく読んで理解し、使いこなせるようにしましょう。
cut off は「切り取る」という表現になります。

▶ パワーアップフレーズ　🎧 113

さらにセンテンスを見てみましょう。

I cut these meats with a kitchen knife.
包丁で、これらの肉を切ります。

Please cut it into pieces.
バラバラに（細かく）切ってください。

He is sawing the wood board.
彼は、のこぎりで木の板を切っています。

You need to cut this vertically.
これを縦に切る必要があります。

New people have to be very careful when cutting these materials.
これらの素材を切るときには、新人は非常に気を付けなくてはなりません。

✏ 製造ボキャ＋α

feet　長さの単位「フィート」（単数形は foot で、1 foot= 約 0.3 m）／ in length　長さで／ trim　手入れする／ bit　破片、細片／ saw　のこぎりで切る／ vertically　垂直に、縦に

I'm good at cutting boiled eggs.
ゆで卵を切るのが得意です。
Everyone has their own special ability.
みんな、それぞれ特技があるもの。

08 いくつかの機械を扱う

VERB **Handle** : 扱う、取り扱う

上手に使えば意味も通じやすく便利な言葉です。うまく表現しないと、何を伝えたいのか理解してもらいにくい言葉でもあります。

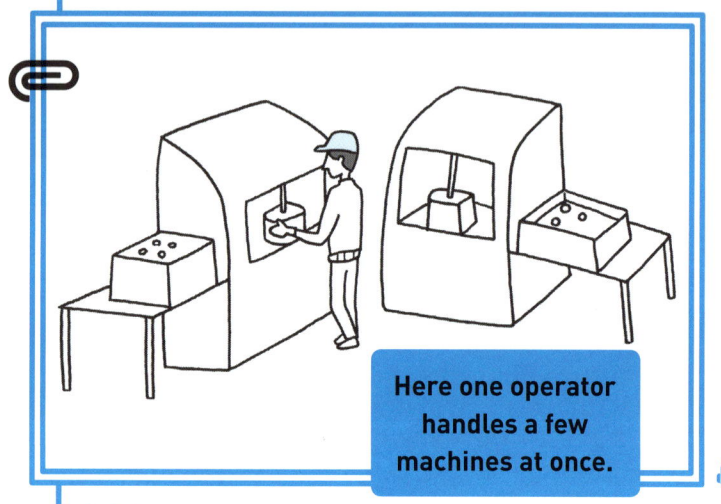

Here one operator handles a few machines at once.

114

- **Here one operator handles a few machines at once.**
  ここでは、1人の作業者が、いくつかの機械を同時に扱っています。

- **Are they handling different processes at the same time?**
  異なる工程を同時に扱うのですか。

- **No. They handle only one process and take care of the same machines.**
  いいえ。1つの工程だけを扱い、同じ機械を受け持っています。

- **I see. It's called multi-machine handling.**
  そうですか。多台持ちのことですね。

「複数の機械を扱う」という表現に handle を用いています。

「多台持ち」(multi-machine handling) とは、1人の作業者が、1つの工程で同じ種類の機械を同時に複数扱うことです。「多台持ち」では、作業者は1つの特定の工程で複数の機械を扱っており、複数の工程を担当する「多工程持ち」(multi-process handling)とは異なります。

▶ パワーアップフレーズ　🎧 115

さらにセンテンスを見てみましょう。

How many machines do you run simultaneously?
同時に何台の機械を稼動しますか。

Do you handle them all by yourself?
すべてあなたが扱うのですか。

My supervisor often handles a few of the same type of processor.
私の上司は、頻繁に、いくつかの同じタイプの加工機を扱います。

He can use more than one machine, but can work on only one process.
彼は、1台より多く(2台以上の)機械を使えますが、1つの工程しか扱えません。

✏️ 製造ボキャ＋α

at once　一斉に、同時に／ simultaneously　一斉に、同時に
※ at once と simultaneously の2つの副詞(句)は、同じ意味を表しています。

> **I handle many different types of machine every night. Toaster, frying pan, kettle and microwave oven...**
> 毎晩たくさんの違う機械を扱っているよ。トースター、フライパン、やかん、電子レンジ…
>
> **Again, he has totally misunderstood.**
> また、完全に誤解してるよ。

09 自動停止装置を取り付ける

VERB Install　　　取り付ける

コンピュータのソフトウェアのインストールなどにおいて、和製英語でもよく使われる言葉です。工場での使い方の例を見てみましょう。

> An automatic stopping device is installed in this looming machine.

116

An automatic stopping device is installed in this looming machine.
この織機に、自動停止装置が取り付けられました。

Other machines also have the same automatic stopping device installed.
他の機械にも、同じ自動停止装置が取り付けられています。

By the way, did you know they are installing a solar-power system in this factory today?
ところで今日この工場に、太陽熱発電システムが取り付けられるのを知っていましたか。

Yes. I wonder how long the installation work will take.

はい。取り付けに、どのくらい時間がかかるかと思っています。

　機械の中に装置を取り付けるという話と、太陽熱発電のような大きなシステムが取り付けられるという話に install が使われています。「取り付けに（時間は）どのくらいかかるか」といった表現も合わせて押さえておきましょう。ここでは、名詞形 installation を使った表現を紹介しています。

▶ パワーアップフレーズ　　　🎧 117

When can I install it?
いつ、取り付けしたらよいでしょうか。

How long does it take to install everything?
すべて取り付けるには、どのくらい（時間が）かかりますか。

Can you please do the installation work when nobody is in the factory?
誰も工場にいないときに、取り付け作業をしていただけますか。

　コンピュータ関連の例文です。

The same modular unit was installed in my computer.
私のコンピュータに、同じモジュールが取り付けられました。

You need a better printer installed in your computer network.
コンピュータネットワークに、よりよいプリンターがいります。

> I'm so happy a new air-conditioner is now installed in our office.
> オフィスに新しいエアコンが付いて、とてもうれしい。
>
> I'm happy hearing you say that.
> バディがそういうのを聞くと嬉しくなるよ。

10 機械を稼動する

VERB **Run** : 稼動する、動かす、走らせる

run を使って「機械を稼動する」と述べるセンテンスを見ていきます。機械以外のものを「稼動する」という表現にも使われています。

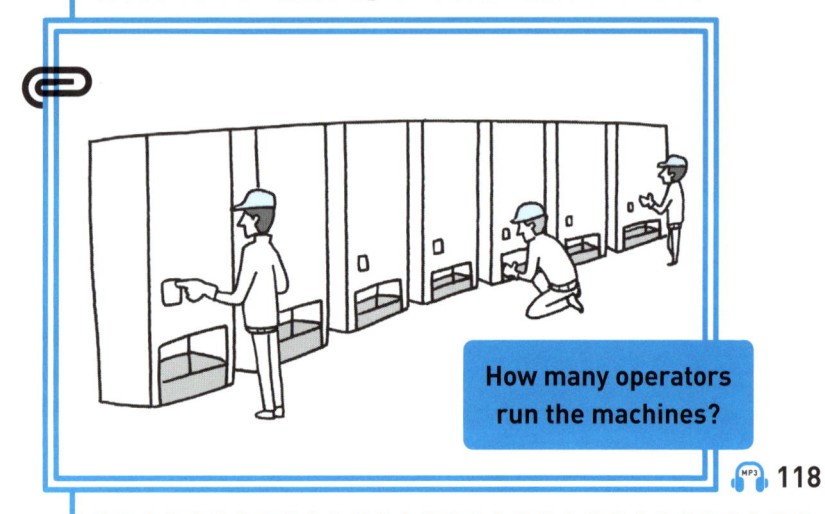

> How many operators run the machines?

118

How many operators run the machines?
何人の作業者が、機械を稼動していますか。

We have three operators running seven machines.
3人の作業者が、7台走らせています。

Are they running multiple operations today?
今日、彼らは複数の作業をしていますか。

Yes. One of them runs a few processes sequentially.
はい。1人は、いくつかの工程を順番に動かしています。

runは、使い方のコツを覚えると便利です。コウとジョウが話すように使いこなしたい言葉です。
　機械を「稼動する」以外にも、作業や工場全体（あるいは事業）を「走らせる」といいたいときにも使います。

▶ パワーアップフレーズ　　🎧 119

いくつか例文を見てみましょう。

They only run a single operation.
彼らは、1つの作業だけをしています。

They run several machines of two different types.
彼らは、2つの異なる機械を何台も動かしています。

I run and manage two factories.
2つの工場を稼動し、管理しています。

Mr. Lee and I have run this business for 20 years.
リーさんと私は20年間、この事業を続けてきました。

✏ 製造ボキャ＋α

multiple　複数の／ sequentially　順次に

I run this machine, but don't know how to stop it!
この機械を動かしたけど、止め方がわからないよ。

大丈夫か！？

11 イヤな揺れ方をする

VERB Shake　　揺れる

shake という言葉そのものは馴染みもあり、使い方も難しくはないでしょう。どんな場面で使うのか、例を見てみましょう。

> This heater is shaking for some reason.

Vroom Vroom

This heater is shaking for some reason.
どういうわけか、このヒーターは揺れています。

I think there is dust in the back of the heater, and...
裏側に埃が溜まっているのでは…

It's making the heater shake.
それがヒーターを揺らしている。

Now the heater is shaking annoyingly and making a lot of noise.
それでイヤな揺れ方をして、やたらと音を立てているのですね。

コウとジョウの会話には「ヒーターが揺れている（振動している）」という表現が出てきました。機械全般に対して同じように使うことができます。以下に、さらに覚えておくと便利な表現を紹介します。

▶ パワーアップフレーズ　🎧 121

The heater's shaking was because of the dust.
ヒーターの揺れは、埃が原因でした。

So dust made the heater shake.
それでは、埃がヒーターを揺らしていたのですね。

It shakes so much.
とても揺れます。

This shakes sometimes.
これは時々揺れます。

This warehouse shook when we had an earthquake.
この倉庫は、地震のときに揺れました。

※ shook は shake の過去形。

🖊 製造ボキャ＋α

annoyingly　いらだちを感じるほどに、イヤな感じで

> **I'm shaking my orange and apple juice together.**
> オレンジジュースとアップルジュースを混ぜているよ。
>
> 意味が違うだろ〜

12 生産ラインを止める

VERB Stop　　　止める

stop も馴染みのある言葉で、使うことにも問題はないはずです。現場ではどんな話に使われるのか、その例を見てみましょう。

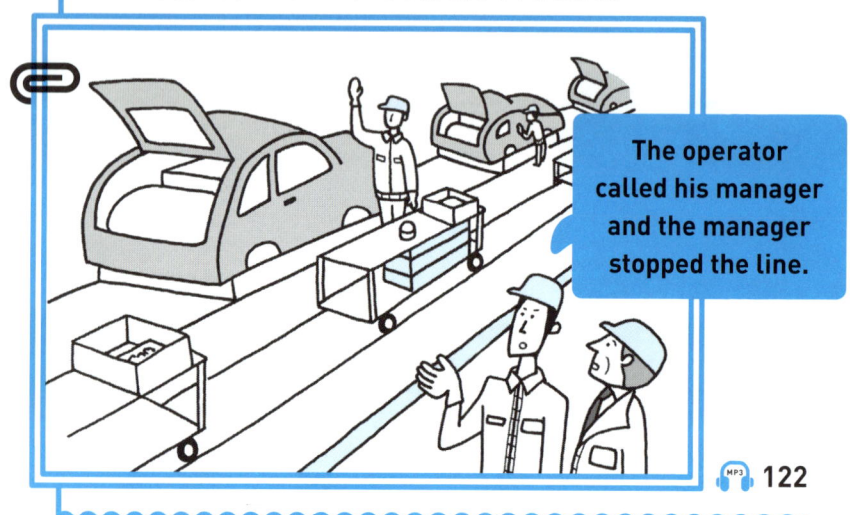

> The operator called his manager and the manager stopped the line.

122

- **Operators can stop the production line when they find a defect.**
  作業者は、不良を見つけたら、生産ラインを止めることができます。

- **The line there is stopping now.**
  あそこのラインが、今止まります。

- **The operator called his manager and the manager stopped the line.**
  作業者が管理者を呼んで、管理者がラインを止めました。

- **They haven't stopped working, they are just making adjustments.**
  作業を中止したのではなく、少し調整をしていますね。

日本の工場では、作業者が不具合などを見つけたときに、生産ラインを止める権限を持っていることはめずらしくありません。これが日本以外の国になると、現場で作業をする人たちは、そうした権限や意識を持っておらず、どんな場合でも管理者の指示にしたがって動くのみ、という傾向が強くなります。

　コウとジョウの会話は、作業者が現場の管理者に相談して、ラインを停止し、調整をしているシーンについて話しています。

　「…するのをやめる」は stop doing という表現を使います。

▶ パワーアップフレーズ　🎧 123

「止めなさい」「やめなさい」というフレーズです。

Stop it!
止めなさい（やめなさい）。

Stop doing it.
それをするのをやめなさい。

Stop talking.
話すのをやめなさい。

Stop processing.
加工をやめなさい。

Stop using the machine.
機械を使うのをやめなさい。

I can't stop eating.
食べるのをやめられない。

I know, I know...
わかっているよ。

13 レンチを一緒に使う

VERB **Share** : 共有する

現場で、ものをシェアするときの表現です。工具などは、普段顔を合わせない人たちとも共有していることがあります。

> We also share this tool with people on the night shift.

Can I share this wrench with you?
このレンチを一緒に使ってもいいですか。

Sure. Remember to return it to its place over there.
もちろん。向こうの置き場に戻すように。

I can bring it back to you though.
こちらに持って帰ってこれますが。

There's no need. We also share this tool with people on the night shift.
その必要はありません。この工具は、夜勤の人たちとも共有していますから。

ジョウは、コウが使っていたレンチを借りに、コウのところまで来ました。レンチを借りて持っていこうとすると、コウから「使い終わったら、置き場に戻してほしい」といわれました。ジョウはコウのところに、あらためて返しにこようとしていたのですが、コウもすでに使い終わっていたようで、「決まった置き場に戻してくれればよい」という意味のことを述べました。多くの人と共有しているため、決められた場所に戻すのが大切ということです。

▶ パワーアップフレーズ 🎧 125

シェアすることに関する表現です。

We all share the same idea.
私たちは皆、同じアイディアを共有します。

We share responsibility.
責任を共有します。

We split any extra profit in half.
余分の利益はすべて半分に分けます。

We divide this space into two.
このスペースを 2 つに分割します。

✏️ 製造ボキャ＋α

though …だけれども／ responsibility 責任、義務／ split 分ける、割る／ profit 利益／ in half 半分に

We all share this fridge for refreshments and drinks.
軽食や飲み物に、この冷蔵庫をみんなと使っているよ。

I think you pretty much occupy all of it.
ほとんど、おまえが占領してるだろ。

14 機械を立ち上げる

VERB Turn (on) ：立ち上げる、作動させる

「機械を立ち上げる」、「立ち上げた機械を止める」という表現を見てみましょう。

> When did you turn on the machine?

When did you turn on the machine?
いつ機械を立ち上げましたか。

I can't remember.
覚えていません。

What do you mean?
どういう意味ですか。

Well, I never turn this machine off.
ええ、この機械を止めることはないのです。

turn on と turn off は、機械だけでなく、電気や電源のあるもの全般の立ち上げや停止に使う表現になります。以下に紹介するセンテンスも合わせて覚えましょう。

▶ パワーアップフレーズ　🎧 127

Please turn on the light.
ライトを点けてください。

It's been turned on.
ずっと点いたままです。

Why is this refrigerator turned off?
この冷蔵庫はなぜ（電源が）止められていますか。

Please make sure to turn off the switch before you leave.
去る前に必ずスイッチを切ってください。

I turn on my TV as soon as I get home. That's the first thing I do when I get home.
家に着いたらすぐにテレビをつけます。それが家に着いて最初にすること。

……（無言）

173

15 油紙で包む

VERB **Wrap** 　　　　　　　　　包む

ラップするという表現は、和製英語でも使うものです。作業現場での表現の例を見てみましょう。

> OK. I'll wrap them in oiled papers.

📎 128

- **Let's wrap these screw tops with something.**
  ねじぶたを何かで包もう。
- **OK. I'll wrap them in oiled papers.**
  ええ。油紙に包みます。
- **Thank you. You wrapped them well.**
  ありがとう。上手に包みましたね。
- **There are some good wrapping papers we can use on that shelf.**
  その棚に、使ってもいい上質の紙があります。

ラップ（ラッピング）というのは、プレゼントを包むときにだけ使う表現ではありません。この会話のように、部品を工業用の油紙で包むときなどにも使います。

▶ パワーアップフレーズ　🎧 129

使いやすい表現を紹介しておきます。

Please carefully wrap this up for the courier service.
宅配便用に、これを丁寧に包んでください。

Are there any wrappers?
包み紙（包むもの）はありますか。

There are some plastic wrapping papers.
ビニール製の包み紙があります。

I'll wrap it with some air cushions.
エアクッションで包みます。

※エアクッションとは、日本語で通称「プチプチ」という空気クッションのことです。

🖊 製造ボキャ＋α

courier service　（国際）宅配便／ wrapper　包み紙

I wrapped my sandwiches with aluminum foil.
アルミホイルで、サンドイッチを包んだよ。

ああ、よかったなぁ。おまえはホントに…

| COLUMN | プラクティカルな英語学習 ❼

避けることはできない
恥ずかしい思い、気まずい思い(2)

　レストランでの食事は、恥をかいてもいいと思いながらやっていますから、間違えても笑っていられるのですが、普段の生活ではシャレにならないことも起こります。

　恥ずかしいことはしょっちゅうありますが、人に迷惑を掛けてしまうこともあります。私がよく思い出すのは、スーパーマーケットで込み合うレジの中に、なぜかいつでも空いているレジがあったことです。私はよくそこへ並んでいて、時折レジ係や同じ列に並んだ客に何かいわれたのですが、アメリカに滞在しはじめた頃で、何をいわれているかわかりませんでした。

　いつも「わかりません」という素振りをしていましたが、あるとき「この人は困った人だなぁ」という感じで、私にわかるまで説明してくれた人がいました。何と私が並んでいたのはエクスプレス・ラインといって、購入する品目数が（はっきりとした数字は忘れましたが）8つくらいか、それ以下の客専用のレジだったのです。そこに私はその数をはるかに超える品数を持って並んでいたわけです。それがわかったときには、一生懸命に謝ったのはいうまでもありません。

　アパートでは、共同のランドリーで急に怒りっぽい口調で何かをいい出す年配の人がいるので無視していたのですが、ランドリールームから出て行こうとすると、さっきよりも激しい口調で怒り出しました。私は何をいわれているかまったく理解していなかったので、そのまま立ち去ってしまったのですが、しばらく経って、アパートの管理人からそのことについて注意を受けました。

　私はランドリーで乾燥機を使っても、乾燥機にたまった埃を取り出しておらず（埃は使用後に取り出して捨てるのがルール）、そのことを注意した人も無視したため、無視された人は管理人にそのことを話しにいったそうです。その人は、私が英語をよくわかっていないことにも、乾燥機を使ったら埃を取り出すべきと知らないことにも気付か

ず、「まったく無視するとは何事だ」と立腹されていたのです。
　当時、アパートに住む前にお世話になっていたホームステイ先に時折遊びにいっていたのですが、そのことを話して、「乾燥機から埃を取り出すものとは知りませんでした。ここでお世話になっていたときには一度もやったことがない」と話すと、「そうするように話してもわかっていなかったので放っておいた」といわれてしまいました。そのときは絶句しましたが、これはアメリカへ行ったばかりで英語がわからなかった頃にした「今でも謝りたい数多くの出来事」のわずか1つに過ぎません。

　当時を振り返ると、間違いを犯したり、叱られてしまうことも、言葉を学ぶ過程では避けて通れなかったように思えます。人に迷惑を掛けてしまうことは、もちろん避けるように気を付けるべきですし、ましてや事故につながることがあってはいけませんが、そうしたことでなければ、ある程度開き直って、古い表現かもしれませんが、度胸を持って渡り歩いていきたいものです。
　恥ずかしい思いをしたり、自信がなくなってくると、どうしても声が小さくなったり、大きな声でいえば通る話も小声でしかいえなくなったりします。もし自分がそんなふうになっている気がしたら、それは英語を学ぶ過程で起こりがちなことで、ただ強気で乗り切っていけばいいのだと思い出すようにしましょう。

イラストで読み解こう 12

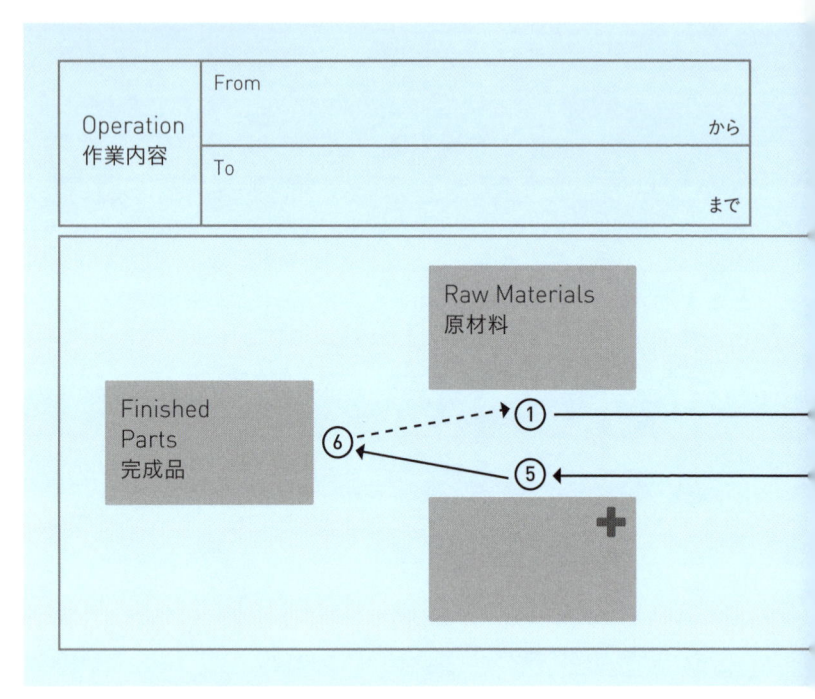

標準作業票
Standard work sheet

🎧 130

| Operation 作業内容 | From から |
| | To まで |

Raw Materials
原材料

Finished Parts
完成品

⑥ ← ← ①
     ← ⑤ ←

What is this sheet for?
この票は何でしょうか。

This explains the layout of our workstation.
これは職場のレイアウトを説明しています。

Is this the "standard work sheet"?
これは「標準作業票」ですか。

Yes. It shows the "work sequence," "standard in-process stock," "takt time" and so on.
そうです。「作業順序」「標準手持ち」「タクトタイム」などを示しています。

It also shows where to do quality checks.
どこで品質検査をするかも表しています。

📝 製造ボキャ＋α

whenever …のときはいつでも

Quality Check 品質 チェック	Safety 安全注意	Standard in-process stock		Takt time タクト タイム	Cycle time サイクル タイム	Division number 分解番号
		標準 手持ち	標準 手持ち数			
◇	✚	●	3	45	50	2/6

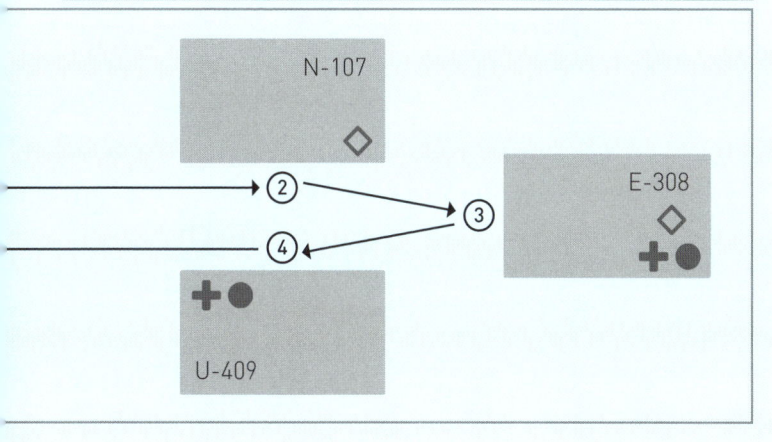

> **Yes. Every workstation must draw one of these and display it.**
> はい。それぞれの作業場が、これを描いて掲示しなくてはいけません。

> **Who actually draws them?**
> 誰が実際に描くのですか。

> **Group leaders normally draw them and revise them whenever they make improvements.**
> 通常は班長が描き、改善をしたときは、いつでも改訂します。

イラストで読み解こう 13

工場の至るところに在庫がある

🎧 131

Inventories are everywhere in our factory.

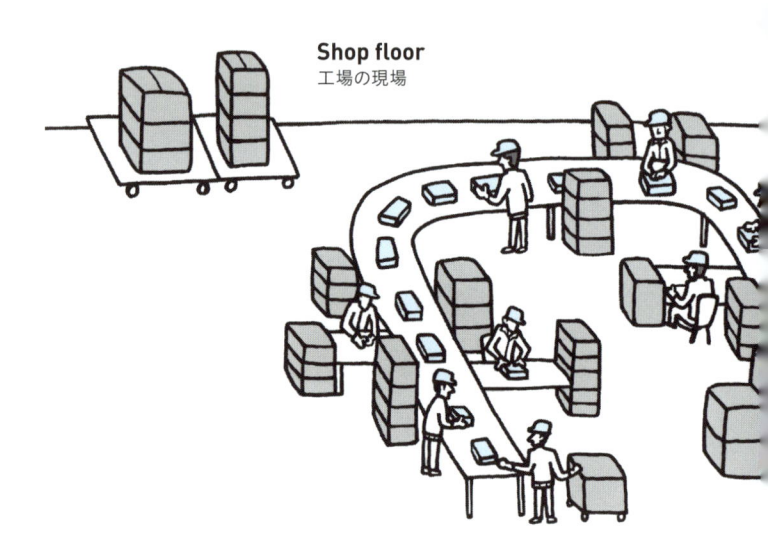

Shop floor
工場の現場

This is the map I drew this week.
これは、今週私が描いたマップです。

What does it show?
それは何を表していますか。

This shows how many in-process stocks are in our production process.
生産工程に、いくつ仕掛品在庫があるかを示しています。

I see. There are so many.
なるほど。とても多いですね。

Shipment
出荷

Inventory
在庫

Product flow
ものの流れ

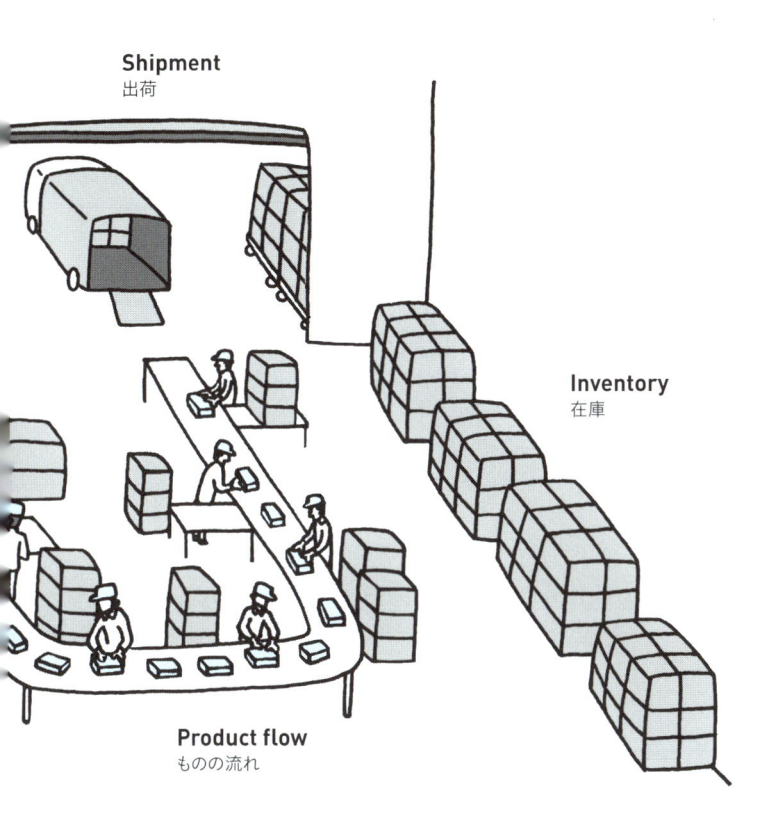

> **There are many more sitting in the warehouse.**
> 倉庫には、もっとたくさんあるのです。

> **I'm visiting each process to check if they are really necessary.**
> それらが本当に必要か調べるために、それぞれの工程へ出向いてみます。

> **I'm also curious to know why there are so many in-process inventories.**
> なぜそんなに多くの仕掛品在庫があるのかも知りたいです。

> **Let's go and ask the people at the sites.**
> 現場へ行って、作業者に聞いてみましょう。

イラストで読み解こう 14

ジャスト・イン・タイムの
コンセプト →234ページ

🎧 132

The concept of just-in-time

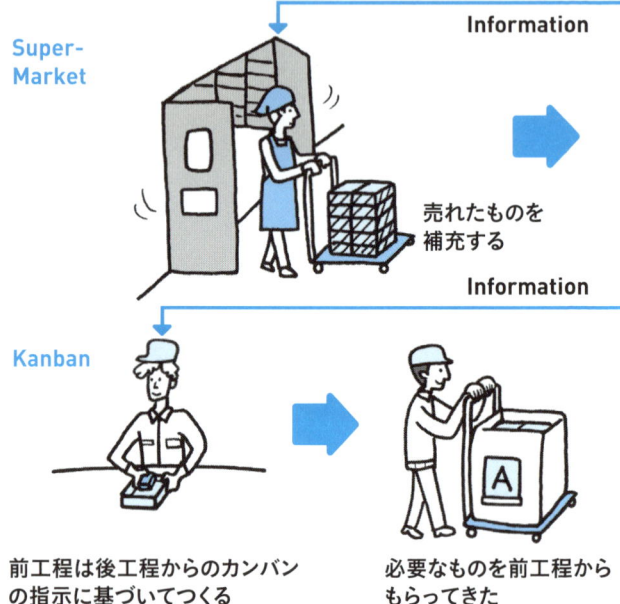

Super-Market

Information

売れたものを補充する

Information

Kanban

前工程は後工程からのカンバンの指示に基づいてつくる

必要なものを前工程からもらってきた

In a supermarket, customers pick up what they want from the displays.
スーパーマーケットでは、顧客が陳列棚から、ほしいものを手に取ります。

Yes, and they bring them to the cashier.
ええ、そしてレジへ持っていきます。

Then, somebody from the warehouse replaces what has just been sold.
そうすると、倉庫の誰かが、今売れたものを補充します。

※ replace は、第4章「整頓1 ものを使いやすく置く」(のパワーアップフレーズ内→ 113 ページ) では、「元に戻す」という意味で登場していますが、ここでは「補う」という意味で用いられています。

製造ボキャ＋α

logically speaking　論理的にいうと

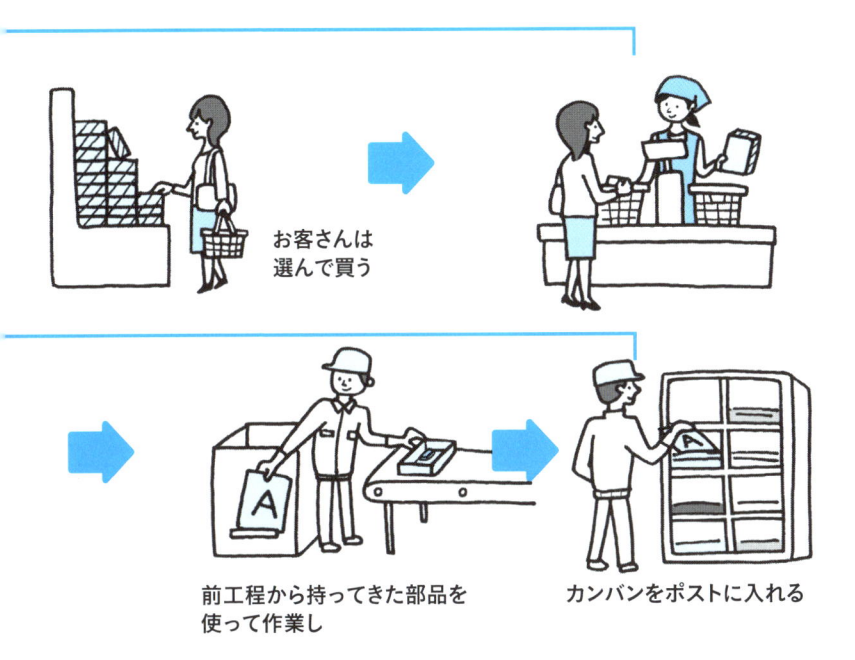

お客さんは選んで買う

前工程から持ってきた部品を使って作業し

カンバンをポストに入れる

Yes. I heard that just-in-time has the same idea.
はい。ジャスト・イン・タイムは、同じアイディアに基づいていると聞きました。

Sure. In a factory, a person from a later process comes to the earlier process to pick up what she or he needs.
そうです。工場では、後工程の人が、必要なものを取りに前工程へ来ます。

Then the earlier process produces items to replace what has been taken.
そして、前工程は、持っていかれたものを補充する品をつくります。
※持っていかれたものと「置き換える」という意味。

イラストで読み解こう 14

This way, logically speaking, there will not be any inventory between the processes.
この方法で、論理的には、工程間にどんな在庫もなくなります。

The concept of just-in-time should be practiced across the whole production process.
ジャスト・イン・タイムのコンセプトは、生産工程全体を通じて実施されるべきですね。

　実際にスーパーマーケットのレジの近くから、スーパーマーケット全体を観察してみると、前ページのイラスト（上段）の様子が手に取るようにわかります。

　顧客は、スーパーマーケットの中で、ほしいものをカートに入れて、レジへ運んできます。そして支払いを済ませて外へ出ていきます。

　今売れたものが追って補充されるのも、（実際に目にすることはできなくても）そのイメージをつかむことができるでしょう。ここで大切なのは、「売れたもの」が補充される点です。売れないものが、製造した側の都合で陳列棚に運ばれてくることはないのです。

　ところが工場の製造工程では、前工程でつくったからという都合で、後工程が必要としていないときにも、つくられたものが送

り込まれてくることがあり、それが工程間の在庫をつくり上げてしまいます。

　コウとジョウの会話を参考にして、こうした内容の話も英語でしっかりと説明できるようにしましょう。

| COLUMN | プラクティカルな英語学習 ❽

目標を設定して、そこへ到達する

　どのくらいのレベルで英語を使えるようになりたいかは、人によって違うはずですが、ある程度まで学んだ人は、これからどのくらいまで上達したいかを考えるべきです。

　私は大学院で「コミュニケーション」や「学習能力開発」といった授業を受け持っていますが、近年は中国をはじめとするアジアからの留学生が増えています。そこで語学習得について講義をするときには、彼らに話すと決めていることがあります。

　彼らの多くは、日本で大学の学部を卒業しています。つまり日本にはすでに何年も住んでいて、日本語を流暢に話せる人も多い。多くの学生は、話せば外国人とわかる日本語を話しますし、書けば日本人ではないとはっきりわかることが多いのですが、少し言葉を交わすくらいなら、外国人とは気付かない人もいます。

　彼らに話すのは、今のそうした段階から、どのくらいまで上達したいのかを考えて、それを目指すべきであるということです。

　私のクラスには言語学者になりたい人はいませんから、それを勧めているのではありません。私がいいたいのは、バイリンガルとして高いレベルに到達することを目指すべきであり、若ければそれは可能だ、ということです。

　例を挙げると、現在、彼らが政治家の同時通訳をできるかといえば、それにはスキルが足りないわけです。それでも、たとえば中国に帰って、会社に勤めて、時折日本から来る取引先の通訳をして、「日本語お上手ですね」といわれていれば満足なのか、自分に聞いてみなさいということです。

　現在、外国人とわかる日本語を話しているということは、ある程度の年齢になってから日本語を覚えたはずです。すると、子供の頃から、両方の国に住んでバイリンガルになったような人たちで、しかも同時通訳になるために訓練をしてきた人たちとは、大きな差がある。

ですから、同じ土俵で勝負するのは難しいのですが、そこでこれから一体どうしていきたいのか、よく考えなさいというのです。目標を設定して、そこへ到達するようにしないと、今の「日本語お上手ですね」というレベルで終わってしまいます。これでは実にもったいない。
　具体的には、中国語と日本語ができるなら、それでナンバーワンを目指すべきだとアドバイスします。さっきの話と矛盾して聞こえるでしょうか。
　勉強すればするほど、上には上がいるとわかるものですし、ナンバーワンなんてどうやって目指すのかと思うでしょう。

　私が話しているのは、自分の分野でナンバーワンになるといったことです。政治家の通訳は無理かもしれないけれど、たとえば日本のホテルに就職したら、宴会の取り仕切り方にしても、日本の一流のやり方というものを覚え、それを自分でもできるようになり、そこで使う日本語は、敬語も含めて誰よりもよく知っているようになる。それで中国に帰ったら、日本語がわかるということに、一層の価値が付いているわけです。すると今度は、それを人に教えられるようにもなる。
　彼らと私は、まるで違う環境で過ごしてきていますが、外国で過ごして、言語を習得してきたことにおいては、私のほうが先輩なわけですから、こんな話をすることもあるのです。そして、これは英語を勉強している日本人にとっても、まったく同じことがいえると思っています。

第 **6** 章

現場で作業 (2)
人の動き

　本章では、現場作業における人の「動き」（または「活動」「行動」）について英語表現を学んでいきます。

　どの節でも、生産現場における大事な物事の見方を紹介しています。そうした話は、コウとジョウの会話にも出てきますから、じっくりと読んで学んでいきましょう。

01 部品を持ってくる

VERB **Bring** : 運ぶ

「持っていく」「持ってくる」は、現場で日常的に使う表現です。コウとジョウの会話では、どんなことを話しているのでしょうか。

> I thought you had brought a lot already.

🎧 133

Can you bring some extra parts for me?
余分に部品を持ってきてもらえますか。

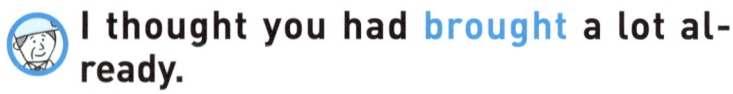

I thought you had brought a lot already.
すでにたくさん持ってきていると思っていました。

Yes, but I'd be more comfortable if I had some more.
ええ、でも、もっとあるほうがより安心できます。

Extra parts, and the time taken to get them, are waste.
余分な部品と、それを取りにいく時間はムダです。

1つ目のセンテンスには for me、直訳すると「私のために」となるフレーズがあります。これは、よく使われる表現です。

2つ目のセンテンスは「もうたくさんあるじゃないですか」、3つ目のセンテンスは「もっとあると安心なんです」という率直な内容でありながら、丁寧な言葉遣いとなっています。

▶ パワーアップフレーズ　🎧 134

Would you please bring this to Tom?
これをトムに持っていっていただけますか。

Can you bring this one with you?
これを一緒に持っていってくれますか。

I brought this tool for your colleague.
君の同僚のために、この道具を持ってきました。

I thought he had brought you that already.
彼はもうあなたに、それを届けたと思っていました。

He always brings us trouble.
彼はいつもトラブルを持ってきます（もたらします）。

✏️ 製造ボキャ＋α

comfortable　心地よい、気分がラクな／ colleague　仕事仲間、同僚

You brought an enormous lunch again.
また、すごい量のランチを持ってきたね。

……

第6章　現場で作業（2）　人の動き

02 正しい数量を計算する

VERB **Calculate** : 計算する

ここでは calculate という言葉だけでなく、計算に関するいくつかの表現を見てみましょう。

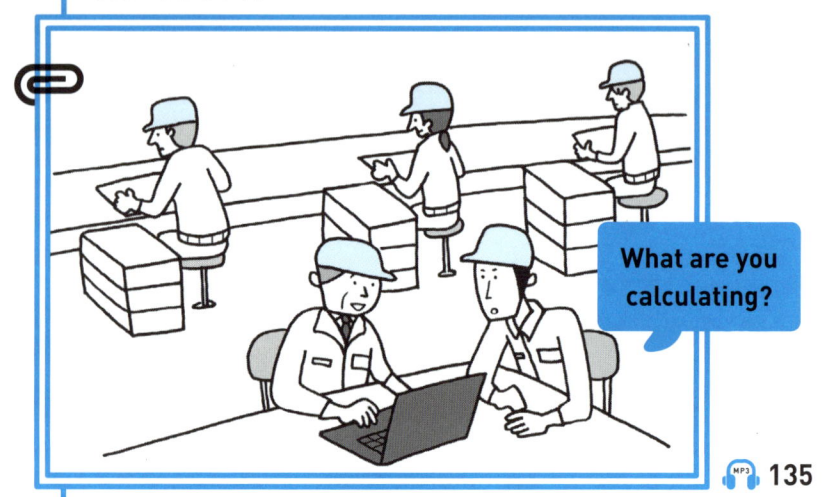

What are you calculating?

🎧 135

What are you calculating?
何を計算しているのですか。

I'm trying to work out the right quantity to produce today.
今日生産すべき正しい数量を見出そうとしています。

Don't we produce as many as we can?
できるだけ多くつくるのではないのですか。

Not really. We must always consider how many are required.
そうではありません。いくつ必要とされているか、いつでも考えなくてはなりません。

プッシュ生産といって、自工程でつくれるだけつくり、次工程へ引き渡す生産方式を採用していれば、コウが考えている計算は必要ありません。しかし、プル生産（生産の各工程が、後工程が必要としている数量のみをつくり、必要とされた時間に供給する方式）を採用していれば、コウのような計算をする必要が生じます。

▶ パワーアップフレーズ　🎧 136

I add and subtract to calculate.
足したり引いたりして計算します。
multiply 掛ける　**divide** 割る

I have more than enough of part A.
部品Aは、十二分にあります。

But, I'm missing part B.
しかし、部品Bが足りません。

So, we can't really produce many.
したがって、実はたくさんは生産できません。

🖉 製造ボキャ＋α

work out　算出する／ as many as one can　できるだけたくさん／ subtract　引く／ more than enough　十二分に、十分すぎる／ miss　欠く

I'm calculating how much money I have left this month.
今月いくらお金が残っているか計算してます。

You are calculating how much money you don't have.
いくらお金がないか、計算しているんだね。

第6章　現場で作業（2）人の動き

03 工場の特徴を述べる

VERB Describe　　特徴を述べる

describe とは、言葉により描写することです。ジョウはコウに「工場はどんなふうでしたか」と聞かれ、どう答えるのでしょうか。

> Please describe what you have seen in our customer's factory.

🎧 137

- **Please describe what you have seen in our customer's factory.**
  顧客の工場で見たことを述べてください。

- **It's difficult to describe everything, but they were wearing neat uniforms.**
  すべてを話すのは難しいですが、皆きちんとした制服を着ていました。

- **That describes people who are pretty well managed.**
  従業員が、実によく管理されていることがうかがえます。

- **Yes, you could say so.**
  はい、そういえると思います。

ジョウは、顧客の工場について聞かれ、率直な感想を述べています。describe してくださいといわれたら、特に難しいことを考えて話す必要はありませんから、特徴的なことを話してみるとよいでしょう。これは特に工場の中に限ったことではありません。
　コウは、ジョウの感想を受けて、「皆がきちんとした制服を着ている」ということが、「よく管理されていること」を描写している、と話しています。

▶ パワーアップフレーズ　🎧 138

　以下のセンテンスをよく読んで、describe という言葉の使い方を捉えましょう。

Your appearance describes how well you manage yourself.
見た目は、あなたが自分自身をどう管理しているかを伝えます。

It describes our standard assembling method.
それは標準の組立方法を表しています。

The standard work sheet describes how we operate in the worksite.
標準作業票は、現場でどう作業するかを表しています。

> **I want salad first, then I will have some appetizers, then...**
> まずサラダで、前菜、それから…
>
> **He is describing what he wants to eat...**
> 食べたいものを説明しているよ…

04 組立工程に入る

| VERB **Enter** | 入る |

enter という言葉も馴染みがあるはずです。「入る」「立ち入る」と話すときの会話例を見てみましょう。

> You need to have an air-shower before you can enter.

🎧 139

May I come into the precision instrument assembly section?
精密機器の組立工程に入ってもいいでしょうか。

You need to have an air-shower before you can enter.
入る前にエアシャワーを浴びる必要があります。

Sure.
もちろんです。

Please also show me your entrance permission.
入場の許可証も見せてください。

May I come in?（入ってもよろしいですか）は決まり文句ですから、しっかり覚えておきましょう。もっと丁寧に話すのなら May I come in, please? となります。

　立ち入るのに身なりを整えたり（会話の例ではエアシャワー）、許可証などが必要な場所もあります。人にそうするようお願いが必要なときもあるでしょう。その場合には、きちんと話して依頼するよう心掛けましょう。

▶ パワーアップフレーズ　🎧 140

Let's go inside the factory.
工場の中へ行きましょう。

He went into the room.
彼は部屋へ入っていきました。

Please tell them they can't come in.
彼らに、入れないと伝えてください。

Operators can only enter when they show their ID.
作業者は、身分証を見せたときだけ入れます。

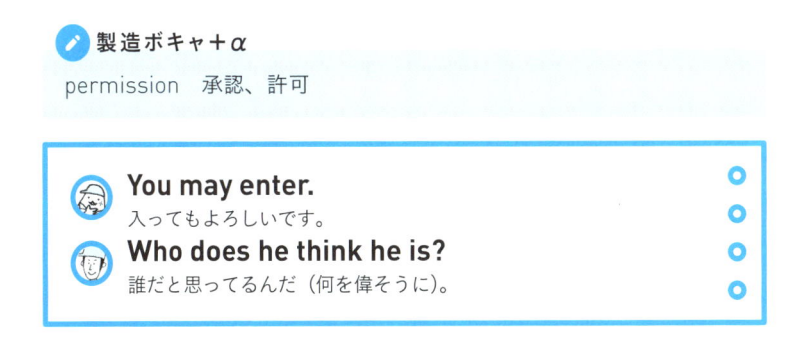

✏ 製造ボキャ＋α

permission　承認、許可

You may enter.
入ってもよろしいです。

Who does he think he is?
誰だと思ってるんだ（何を偉そうに）。

第6章　現場で作業（2）　人の動き

05 現場で説明する

| VERB **Explain** | 説明する |

「説明してください」「説明します」などと、頻繁に使う言葉です。会話の例を見てみましょう。

> I'll show you the real site and explain.

141

Do you think you can explain the manufacturing process to us?
私たちに、製造工程を説明していただけますか。

Yes. I'll show you the real site and explain.
はい。現場を見せて説明しましょう。

Good. It's kind of you to show us the details.
いいですね。詳細まで見せてくださり、ありがとうございます。

I hope you can understand because I'm not used to explaining it in English.
英語では説明し慣れていないので、わかっていただけるといいのですが。

ジョウが冒頭に話す Do you think you can …?（…していただけますか）は、丁寧なお願いの仕方です。ぜひ覚えておきましょう。
　現場で説明したいときには、I'll show you … というコウのはじめのセンテンスを真似して現場に向かいましょう。最後のセンテンスでは、コウはきちんと英語で話せるのですが、謙遜しながらこのように述べています。

▶ パワーアップフレーズ　　　🎧 142

そのまま使える短いフレーズです。

I'll explain.
説明しましょう。

Let me explain.
説明させてください。

Please explain why this happened.
これがなぜ起きたか、説明してください。

Please explain why you made the mistake.
なぜミスしたのか、説明してください。

They didn't explain enough.
彼らは十分に説明しませんでした。

✏️ 製造ボキャ＋α

detail　細部、詳細（「詳細」の意味では通例複数形） ／ be used to … 　…に慣れている

I want to explain why I was late…
なぜ遅れたのか、説明したいです…

Just overslept, right!?
寝過ごしただけだろ。

06 問題について話し合う

VERB **Discuss** : 話し合う、協議する

現場で、話し合いは頻繁にするものです。そのことについてコウとジョウが会話をしています。

> People are having a discussion in a small group.

143

People are having a discussion in a small group.
皆が、小グループで話をしています。

They are trying to solve quality problems.
品質の問題を解決しようとしています。

Do they discuss problems whenever they need to at their worksite?
職場で必要なときには、いつでも問題について話し合うのですか。

Yes, they do it whenever necessary.
はい。彼らは、必要なときには、いつでもそうします。

「小グループで話す」や「問題について話す」といった表現は、日常的に使うことになるでしょう。

いうまでもなく、現場ではコミュニケーションを取り合うことが大切です。職場のメンバーで、話し合いをする習慣を持つことを奨励するようにしましょう。

▶ パワーアップフレーズ　🎧 144

Let's talk about the issue.
問題について話しましょう。

I need to discuss the plan with you.
あなたと計画について話す必要があります。

We discuss what to improve and how.
何をどう改善するかを協議しました。

We had a good discussion about the Kaizen plan.
改善の計画について、よい話し合いをしました。

I have nothing particular to discuss...
特別に話し合うことはないなぁ…

I think you are just feeling sleepy.
眠くなってるだけだろ。

07 両手でしっかりつかむ

VERB **Grab** つかむ、ひっつかむ

「しっかりつかんでください」と伝える会話文を見てみます。きちんと理解させないと危険な場合もありますから要注意です。

> You have to use two hands to grab it.

145

Grab this bar tightly and pull down.
このバーをしっかりつかんで、引き下げてみて。

OK. Let me try.
オーケー、やってみます。

Wait. You have to use two hands to grab it.
待って。両手でつかまないといけません。

Sorry. I didn't read the instructions properly.
すみません。きちんと説明書きを読んでいませんでした。

コウのように話すときには、必ずしもスムーズに話せなくても、はっきりと伝えることを意識しましょう。「しっかりつかむ」「引き下げる」など、確実に伝えるようにします。

▶ パワーアップフレーズ　　🎧 146

He grabbed my hand to stop me.
彼は、私の手をつかんで止めました。

Please grab me some gloves from the locker room.
ロッカールームから手袋を持ってきてください。
※「ひっつかんできてください」というニュアンスがあります。

grab と似た表現で hold を使うこともあります。両方とも「しっかりつかむ」という意味で用いることができますが、grab のほうは「ひっつかむ」というニュアンスが強いといえます。

Please hold this bin for a little while.
少しの間、この容器を持っていてください。

Hold the tap and then turn.
蛇口をつかんで、ひねりなさい。

✏️ 製造ボキャ＋α

tightly　強く、しっかりと／ pull down　引き下げる／ instruction　指示、使用説明書（これらの意味では通例複数形）

Today's lunch menu grabbed my heart!
今日のランチメニューに心をつかまれた。

両腕でか！？

第6章　現場で作業（2）　人の動き

203

08 品質を検査する

VERB Inspect — 検査する、点検する

コウとジョウは、検査についての会話をしています。どんな内容の話なのでしょうか。

> Are they really inspected at every production process?

🎧 147

Product quality is supposed to be checked at each process.
各工程で、製品の品質は検査されることになっています。

Are they really inspected at every production process?
各生産工程で、実際に検査されているのですか。

Sure. We don't just inspect the finished product.
もちろんです。完成品だけを検査しているのではありません。

We also check them as they are being made.
製品がつくられているときも検査するのですね。

inspect と check は、同じ意味合いで使われています。

　2 人の会話にある通り、品質検査は、製品の完成後にだけされるのではなく、製品ができ上がっていく間にも、生産の各工程で行われるべきです。それがなければ、どこかの工程でできた不良が、そのまま完成品の一部となってしまいます。

　2 人が見ている（イラスト内の）作業者たちは、品質のチェックポイントなどが記載された基準書を見ながら作業しています。

▶ パワーアップフレーズ　　　🎧 148

こちらは受入検査に関する一連の話です。

We inspect the parts from suppliers when we receive them.
サプライヤーからの部品は、受け取ったときに検査します。

It's a receiving inspection.
それは受入検査です。

The inspection is performed by our quality control experts.
検査は、品質管理の専門家により行われます。

We don't check them all, but pick samples for inspection.
全数は検査せず、検査用のサンプルを抜き取ります。

※抜取検査 sampling inspection

Is somebody always inspecting the quality of my performance?
いつでも誰かが、ボクの仕事の質を検査してるのかな。

I'm scared.
なんか、こわいな。

第 6 章　現場で作業（2）　人の動き

09 検査を記録する

VERB **Record** : 記録する

record という言葉そのものは馴染みがあるはずです。どんな使い方をするのか、例を見てみましょう。

> Do you record quality inspections?

🎧 149

Do you record quality inspections?
品質検査を記録しますか。

Yes, of course. We keep records all the time.
はい、もちろんです。いつでも記録を残します。

I suppose your records include dates, product numbers and the results.
記録には、日付、製品番号、検査結果が含まれていますね。

Yes, and the records are kept in the factory for at least five years.
ええ、そして、記録は少なくとも5年は工場に保管されます。

会話では、recordを動詞として使っているセンテンスは1つで、他はすべて名詞となっていますが、どれも使いこなしたい表現ばかりです。正確に覚えるようにしましょう。

▶ パワーアップフレーズ　🎧 150

Do you review quality check records?
品質検査の記録を見直しますか。

Whenever we receive a claim, we check the records.
クレームを受け取ったときは、いつでも記録を確かめます。

以下の関連した表現も見ておきましょう。

We keep all the quality documents.
品質に関するすべての書類を保管します。

I normally make a note to remember.
通常は、覚えておくためにメモを取ります。

✏️ 製造ボキャ＋α

review　見直す、再調査する／ make a note　メモを取る

> **Hey! Maybe you should make a record of what you ate each day!**
> おい、毎日何を食べたか記録を付けるといいんじゃないか。
>
> **I don't need to. I don't forget what I ate.**
> 必要ないよ。食べたものは忘れないのだ。

第6章　現場で作業（2）　人の動き

10 ドアを叩きつけない

VERB **Slam** : バタンと閉める

工場内でこうしたことがあれば、注意してやめてもらわなくてはなりません。どんなふうに話せばよいのでしょうか。

> I will be careful. I don't like door slamming either.

MP3 151

Please don't slam the door of this drying room.
この乾燥室のドアをバタンと閉めないでください。

Sorry about that.
すみません。

Don't let it slam. Don't take your hand from the door until it's closed.
バタンと閉めずに、閉まるまでドアから手を離さないで。

I will be careful. I don't like door slamming either.
気を付けます。私も、ドアを叩きつけるのは好きではありません。

ドアをバタンと閉めるのは、周囲に不快感を与えるだけでなく、工場内では危険を伴うこともありますから、ご法度としなくてはなりません。

うっかり自分がやってしまったときには、ジョウが話しているように謝りましょう。

▶ パワーアップフレーズ 🎧 152

関連した表現を見てみましょう。

This is the second time you slammed the door.
あなたがドアをバタンと閉めたのは、これで2回目です。

Don't slam files on the table.
テーブルに、ファイルを叩きつけないで。

Please do not slam the drawer shut.
引き出しを、音を立てて閉めないでください。
※閉まっている様を表す shut（形容詞）と合わせて使う例です。

It's annoying to hear a slam.
叩きつける音を聞くのは、イラつきます。
※ここでは名詞として使っています。

slam には「（ブレーキなどを）急に踏む」という意味もあります。

Slamming the brakes on a forklift truck can be very dangerous.
フォークリフトのブレーキを急に踏むのは、非常に危険になりえます。

第6章 現場で作業（2） 人の動き

✏️ 製造ボキャ＋α

annoying　うっとうしい、いらいらさせる

> **Please don't slam the lunch box lid!**
> 弁当箱のふたを叩きつけるな。
> 　　　　　　　　　　お、怒ってるぞ～

11 部品を運ぶ

VERB　Transport — 運ぶ、運搬する

bringと似ていて、「運ぶ」と訳せばよいことが多い言葉です。「運搬する」という意味で用います。

> They look like they are working hard transporting parts.

153

They transport a lot of parts during the day.
彼らは、一日の間に、たくさんの部品を運びます。

They look like they are working hard transporting parts.
部品を運んで、一生懸命働いているように見えます。

Yes, they are.
そうですね。

But, they are just moving excess parts about.
しかし、彼らは余分な部品を動かしているだけです。

現場ででき上がった部品を倉庫へ運搬しているようなシーンについて、会話が交わされています。すぐに次工程へ渡せるならよいのですが、必要以上につくったために、あるいは、次工程で作業ができない状態であるために、できあがった部品が別の場所へ持ち運ばれています。運搬のムダを含む、非常に大きなムダが生じています。

▶ パワーアップフレーズ　🎧 154

We transport extra parts from the worksite to our warehouse.
現場から倉庫へ、余分な部品を運びます。

Then we bring them back from the warehouse to the worksite.
そして、倉庫から現場へ運び戻します。

Transportation can waste a lot of resources.
運搬は、多くの資源をムダにします。

✏ 製造ボキャ＋α

move about　歩き回る、動き回る
※会話センテンス中の move excess parts about は、「余分な部品をあちこちに動かす」という意味を表しています。

> **They are just moving things from one place to another.**
> ある場所から別の場所へ、ものを動かしているだけ。
>
> **For once you have shown great understanding!**
> めずらしく、すごい理解力だね。

第6章　現場で作業（2）人の動き

12 注意して見る

VERB **Watch** 　　　見る、観察する

現場で watch という言葉を使う例です。どんな会話で用いているのでしょうか。

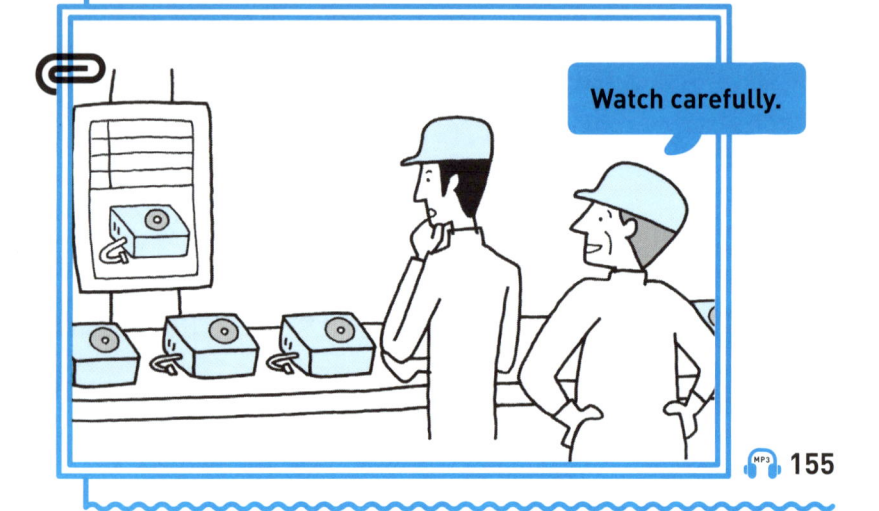

> Watch carefully.

155

Watch carefully. There may be some defective parts on the conveyer.
注意して見てください。コンベヤに不良部品があるかもしれません。

Yes. I'm paying attention.
はい。注意しています。

You are just watching the parts. Please also look at this.
部品だけを見ていますね。こちらも見てください。

Oh! I hadn't noticed these defective sample pictures.
あっ。これらの不良サンプル写真に気付いていませんでした。

ここでは、コウがジョウに「注意して見るように促す」センテンスが登場しています。コウのセンテンスに加えて、ジョウのセリフも話せるようにしておきましょう。

▶ パワーアップフレーズ 🎧 156

Watch out!
気を付けなさい（注意を呼びかける）。
※直訳では「見なさい」となりますが、「危ないぞ」というニュアンスで使います。

Don't worry. I'll keep watching the water tank.
心配しないで。水槽は見続けます。

Take a good look at this instruction sheet.
この指示書をよく見なさい。

I've been watching this for hours.
何時間も（長時間）これを見ています。

✏ 製造ボキャ＋α

pay attention（to …）　（…に）注意する、気を配る

（ランチメニューを熱心に眺めている）……

He is taking a good look at his lunch menu.
ランチのメニューをよく見ているようだ。

13 見たことを書き出す

VERB Write　　　　　　　　　書く

誰もが普段からよく使う言葉ですが、2人は現場で、どんな会話をするのでしょうか。

> It's to write down what you hear or see.

157

What's the best way to remember how a machine operates?
機械がどう動くか覚えておく、最もよい方法は何でしょうか。

It's to write down what you hear or see.
聞いたり見たりすることを書いておくことです。

Sometimes I write a memo. Isn't that enough?
時折メモを取っています。それで十分ではないでしょうか。

Not really, you need to write more.
もっと書かないと、十分ではないですね。

コウはジョウに、「書いて覚えなさい」という指導をしています。
　海外の現場で指導する際には、同じように現地の従業員に、学んだことをノートに書き出してもらいましょう。ただメモをするだけでなく、しっかりと書き出してもらいます。わかっていればきちんと書けますし、そうでなければメモ程度の記述になってしまうものです。

▶ パワーアップフレーズ　　158

指導に使いたい表現です。

Please write this down.
これを書いて（書き留めて）ください。
※ write down は会話にも登場しますが、実によく使う表現です。

Please always carry a notebook.
いつもノートを携帯してください。

Please don't forget your three different-colored pens.
3色ペンを忘れないでください。

I'll give you time to write.
書く時間を与えます。

We use A4 sized paper.
A4の紙を使います。

I often write, but I've lost my note…
書いたけど、ノートをなくした…

　　　　　　　　　　　　またやってるよ

イラストで読み解こう 15

生産平準化 →237ページ
Production leveling

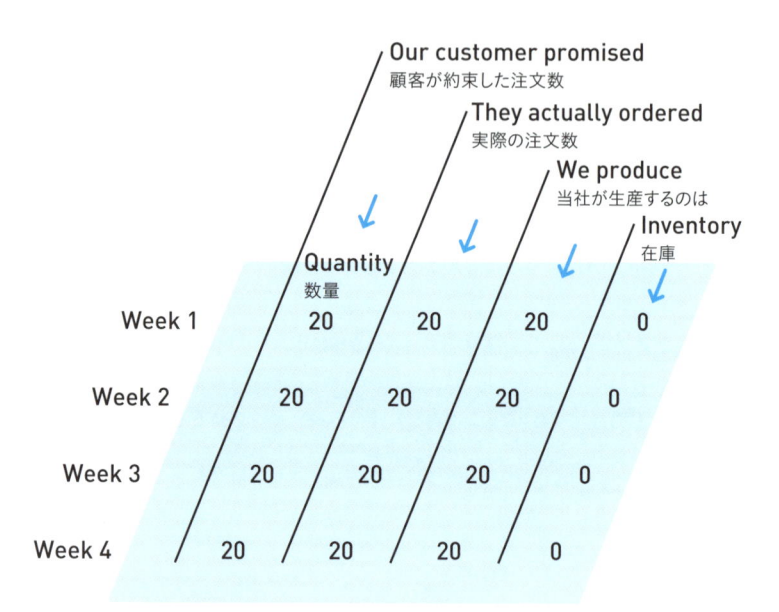

🎧 159

	Our customer promised 顧客が約束した注文数	They actually ordered 実際の注文数	We produce 当社が生産するのは	Inventory 在庫
	Quantity 数量			
Week 1	20	20	20	0
Week 2	20	20	20	0
Week 3	20	20	20	0
Week 4	20	20	20	0

Our production is perfectly leveled
生産は完璧に平準化している

　コウはジョウに、生産平準化の考え方について、1つの例を挙げて説明しています。

> **If our customer promises to order 20 sets every week, can you produce that?**
> 顧客が毎週20セット注文の約束をしてくれたら、生産できますか。

> **Yes. It's great that they can guarantee the quantity.**
> はい。数量を保証してくれるのは、ありがたいです。

> **Yes. Our production is leveled if they place an order of 20 every week.**
> はい。毎週20ずつ注文してくれれば、当社の生産は平準化します。

製造ボキャ＋α

guarantee　保証する／ place an order　注文する／ eventually　最終的に、結局は

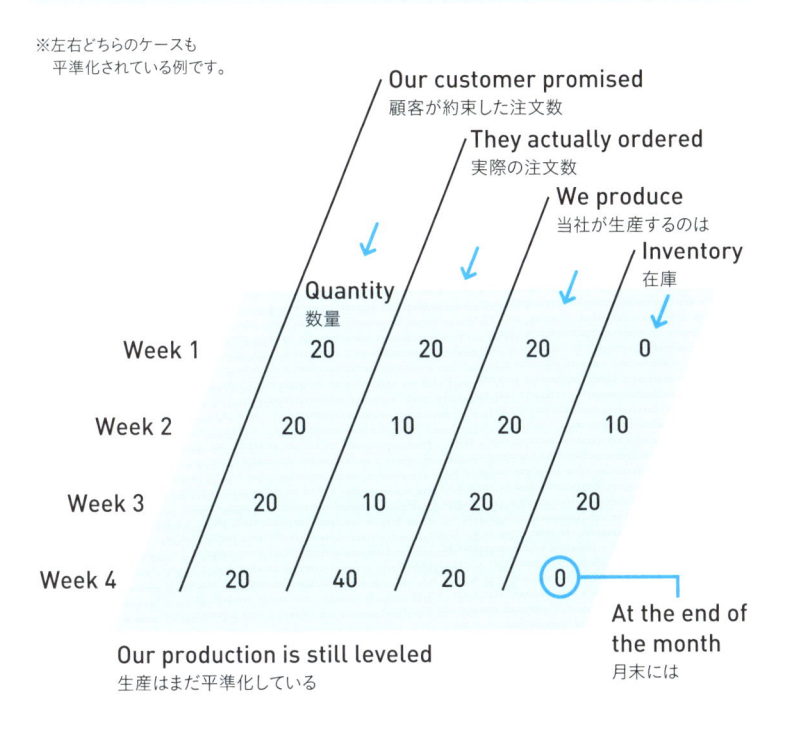

※左右どちらのケースも平準化されている例です。

	Quantity 数量	Our customer promised 顧客が約束した注文数	They actually ordered 実際の注文数	We produce 当社が生産するのは	Inventory 在庫
Week 1		20	20	20	0
Week 2		20	10	20	10
Week 3		20	10	20	20
Week 4		20	40	20	0

Our production is still leveled
生産はまだ平準化している

At the end of the month
月末には

What does that mean?
どういう意味ですか。

Well, if they order 20 this week, 10 next week, and 28 in the following week, we can't level our production.
ええ、今週 20 の注文をくれて、来週は 10、その翌週 28 だとしたら、当社は平準化できません。

You mean we don't know how many to expect?
いくつに備えればよいのか、わからないという意味ですか。

イラストで読み解こう 15

That's right. So we can't promise our suppliers what quantities we will order.
そういうことです。ですから当社は、当社のサプライヤーに、いくつ注文するか約束できません。

So then they probably can't supply the quantity we do eventually order.
そうすると、おそらく彼らは、当社が最終的に注文する数量を供給できませんね。

Or they have to have many inventories to supply us what we want.
あるいは、当社がほしいものを供給するために、たくさんの在庫を持っていないといけません。

　前の見開きの左の図では、顧客が毎週 20 ずつ注文すると約束し、実際に毎週 20 ずつ注文してくれました。そのためコウとジョウの工場も毎週 20 ずつ生産することができ、月末の在庫はゼロです。これならサプライヤーに必要な部材の注文数量を確約でき、サプライヤーも約束通り、毎週納品してくれるでしょう。これは平準化ができている状態です。

　一方で、右の図では、顧客は毎週 20 ずつの注文を約束してくれていましたが、実際には 2 週目に 10 しか注文をくれませんでした。
　彼らはどうすればいいのでしょうか。現場では生産を平準化しようとしています。そこで 2 週目には（1 週目と同じく）20 を生産しました。10 のみ出荷しましたから、週末の在庫は 10 になりました。

しかし3週目にも、顧客は10しか注文をくれませんでした。さあ、今度はどのように対応すればいいのでしょう。ここで彼らは、顧客がおそらく4週目に挽回してくれるだろうと考え、この3週目にも20を生産し、10のみ出荷しました。3週目の週末の在庫は、20になります。

　そして4週目には、予想通り、顧客は通常の20の注文に加え、2週目と3週目に注文できなかった10×2を合わせて注文してくれました。現場は20のみ生産し、40の出荷をすることができます。

　これは、あまり安定していない顧客の注文に対応することができ、しかも平準化生産（毎週20ずつの生産）が実現できた例です。月末の在庫もゼロになっています。

イラストで読み解こう 16

自働化 →239ページ
Autonomation (Autonomous operation) / Jidoka

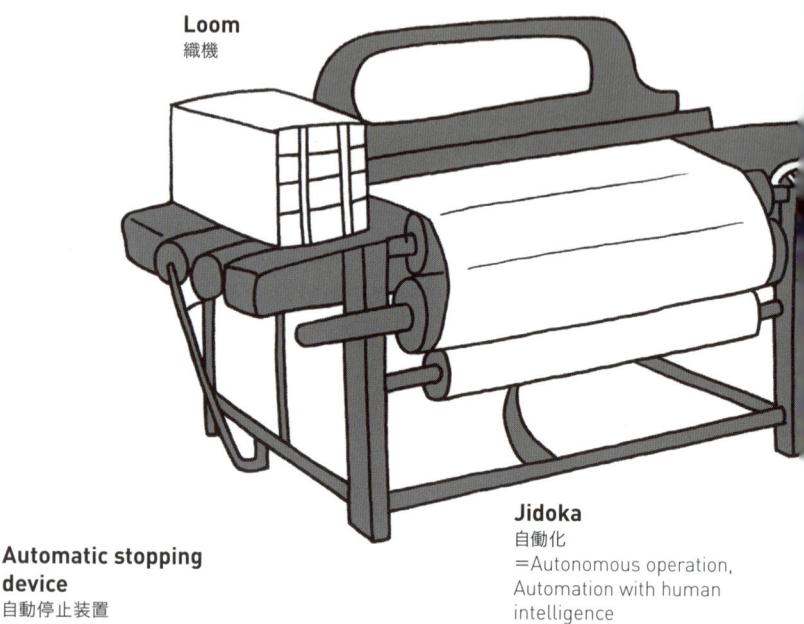

🎧 160

Loom
織機

Automatic stopping device
自動停止装置

Jidoka
自働化
＝Autonomous operation, Automation with human intelligence

Have you heard of "autonomous operation"?
「自働化」というのを聞いたことはありますか。

Yes, but I can't explain what it means.
はい、しかし、どんな意味か説明はできません。

This loom has an automatic stopping device inside.
この織機は、中に自動停止装置が付いています。

I see, so the machine can stop if it makes a defect.
そうですか、そうすると不良をつくると停止しますね。

It's adding a human element into a machine.
人の知恵を機械に付加しているのです。

製造ボキャ＋α

by itself　ひとりでに、自然に

People don't have to keep watching the machine if it stops by itself.

機械が自動に止まるのなら、作業者が見守り続けなくても大丈夫ですね。

Yes. It's great for quality management and cost reduction.

ええ。品質管理とコスト削減に役立っています。

The machine doesn't keep producing defects and they don't need many people watching the machines.

機械は不良をつくり続けないし、多くの人が機械を見る必要もありません。

| COLUMN　プラクティカルな英語学習 ❾
業務移管が進まない

　日本企業の海外進出が加速した1980年代、そして中小企業も数多く海外進出するようになった90年代から、ずっと存在している問題があります。それは海外拠点で工場なりを運営しているのに、その拠点に業務を移管できていないという問題です。

　企業は生産拠点を海外につくったら、はじめは日本から大勢の人が立ち上げに行きますが、その後は基本的に業務を現地化し、わずかの日本人管理者と現地従業員で、仕事をしてもらいたいのです。日本からの出向者のビザ取得も昔に比べれば難しくなっていますし、日本から従業員が現地へ押し寄せ続けるのは、あるべき姿ではありません。
　したがって、現地へ赴任した従業員は、現地で仕事をしながら現地従業員を育成する必要があるのですが、言葉が通じないために、それがままならず、業務ノウハウの移管ができていないのです。
　生産業務は何とか回るようになっても、新しいラインの立ち上げとなると、また一斉に日本から人が飛んでいく。ラインに不具合が生じれば、また人が行く。その間、日本の工場には人が少なくなって…といったことをずっと繰り返しているわけです。
　場合によっては、通常の業務さえも、日本人社員が現地で指導できないので仕事が回りにくくなり、日本から応援を呼んで…ということもめずらしくありません。
　そのため生産工場の海外進出は、20年、30年と歴史があっても、業務移管がほとんど進んでいないことも案外多いのです。
　こうした話をすると、ノウハウをすべて移管するのは得策ではないとか、現地従業員はすぐに辞めてしまうとか、業務移管ができていないことを正当化したがる人もいますが、本当はただ「言葉が通じないから業務も移管できていない」と、わかっている人は多いはずです。

　近年では、日本にいながらにして、英語を使って仕事をする人たち

も一層増えています。

　たとえば、企業がオフショア開発（※3）を進めることに伴って、英語を使って仕事をすることなど考えてもみなかった人たちが、取引先と英語でコミュニケーションを取って業務に当たらなくてはいけないというケースがあります。勤務する企業が急にそうした戦略を取りはじめ、すぐにでも英語を使わないといけない、コミュニケーションが取りづらくてトラブルが起きている、といったことも増えてきているのです。

　オフショア開発にたずさわる人たちは、会ったことさえない海外の取引先の人たちと、メールなどの文章中心のコミュニケーションを取ることが必要になります。これは、生産業務で自社の海外工場に赴任して、その工場の中の人たちと対面でコミュニケーションを取る場合よりも、ある意味で、求められるものが高度になってくるわけです。

　こんなふうに英語を使った仕事は増え、それにたずさわる人も増えています。抱えている業務を片付けるだけで精一杯になりがちですが、海外生産拠点への業務移管問題と同じように、開発業務においても、年月の経過とともに似たような問題が出てこなければいいなと思っています。

　おかしな現象なのですが、英語がわからないと、海外の業務にたずさわる人の数や時間が増えていきます。大人数が繰り返し生産拠点を訪れるのは、その一例ですね。そして、英語を自由に操れる人が増えると、海外の業務が落ち着き、たずさわる人員数や時間も減っていくものなのです。

（※3）システムの開発や運用管理業務を海外の会社に委託すること。（ASCII.jp
　デジタル用語辞典より）

製造現場必須ボキャブラリー

　海外での生産業務に本格的にたずさわるなら、ぜひ覚えておきたい単語を紹介します。使える例文やフレーズも登場します。海外拠点などでコミュニケーションを取りながら業務を進める際に役立ててください。

- 動詞──工場の作業で頻繁に使う32例
- Just-In-Time（JIT）　ジャスト・イン・タイム
- Production Leveling　生産平準化
- Autonomation　自働化
- QC activity　QC活動
- OJT　オー・ジェイ・ティ
- Off-JT　オフ・ジェイ・ティ

01 動詞
工場の作業で頻繁に使う32例

複数の意味を持っている動詞が多いのですが、ここでは動詞の横に記載した意味で用いた場合の例文を紹介します。

VERB Coat : 覆う、塗る

These glasses are coated with coating agents.
これらのガラスは、塗布剤で覆われている。
This process coats chocolate with shellac.
この工程は、チョコレートをシェラックで覆っている。

VERB Cover : かぶせる、覆う

Cover the top face with a plastic sheet
上面にビニールのシートをかぶせる
The water tank is covered by a lid.
水のタンクが、ふたで覆われている。

VERB Disassemble : 分解する

The module unit was disassembled.
モジュール・ユニットが分解された。
We must disassemble the motor to take out the defective part.
不良部品を取り除くのに、モーターを分解しなければならない。

VERB **Disconnect** : （接続・電源などを）切る、外す

The phone was disconnected.
電話が切れた。

Disconnect the computer plug and then connect it again
コンピュータのプラグを外して、もう一度つなげる

VERB **Dismount** : 取り外す

Dismount the old metal plates from the press machine
プレス機から、古い鉄板を取り外す

The ink tank was carefully dismounted from the assembly machine.
組立機から、インクタンクが慎重に取り外された。

VERB **Drill** : ドリルで穴をあける

Can you drill the wooden board?
木製の板に、ドリルで穴をあけてください。

Please drill two holes on the plate.
その板に2つ穴をあけてください。

VERB **Dry** : 乾かす、拭く

Would you dry out the wet floor?
濡れた床を乾かしてもらえますか。
※ dry out は「かなり濡れているのをよく乾かす」という意味。

Please dry the soles of your safety shoes off with cloth.
安全靴の底を布で拭いてください。

VERB Feed　：　送る、送り込む

We feed these caps into the pen assembly line.
ペンの組立ラインに、これらのキャップを送り込む。
Dope is fed into the section that is making noise.
音を立てている部分に、機械油が流し込まれた。

VERB Fill　：　充填する、満たす

This is the robot that fills the cans with oil.
これは、缶に油を充填するロボットである。
The bottles are being filled with mineral water.
ボトルは、ミネラル・ウォーターで満たされている。

VERB Gauge　：　正確に測る

He is gauging the right amount of water to add.
彼は、加える水の正しい量を測っている。
The distance was gauged by using a tape measure.
その距離は、巻尺を使って測定された。

VERB Insert　：　挿入する

Insert this stick to press the button
ボタンを押すのに、この棒を入れる
Insert the ruler between the pages of the manual book
マニュアル本のページの間に、定規を挿む

VERB **Inhale** : 吸い込む

Do not inhale.
吸い込むな。

Please wear a mask so you don't inhale.
吸い込まないように、マスクをしてください。

VERB **Label** : ラベルを貼る、ラベルを貼り分類する

A new employee is labeling the cartons.
新入りの従業員が、カートンにラベルを貼っている。

Those bottles must be labeled for sorting.
それらのボトルは、分類のために、ラベル貼りされなくてはならない。

VERB **Loosen** : 緩める

We need to loosen these bolts.
これらのボルトを緩める必要がある。

These screws were loosened somehow.
どういうわけか、これらのねじが緩んだ。

VERB **Melt** : 溶かす、溶ける

The heat has melted the metal.
熱が鉄を溶かした。

Melt these wires to connect them together
一緒にくっつけるために、これらの針金を溶かす

VERB **Mold** : 型に入れてつくる、形づくる

They are molding rubbers into the right shapes.
彼らは、ゴムを正しい形にかたどっている。

The plastic was molded into shapes by air pressure.
プラスチックが、空気圧によって、形づくられた。

| VERB | **Paint** | ペンキを塗る |

We are painting the fences white.
フェンスを白色に塗っている。

Please paint over the floor.
床にペンキを塗ってください。

※ paint over には、「(文字や引かれた線などを) 塗りつぶす」というニュアンスもあります。

| VERB | **Peel** | 剥がす、剥がれる |

Please peel the barcode labels from these boxes of fluorescent markers.
蛍光マーカーの箱から、バーコードラベルを剥がしてください。

Our standard work sheet is peeling off the wall.
標準作業票が、壁から剥がれている。

| VERB | **Release** | 放す、放つ |

Don't release your hand from the ladder.
はしごから手を離すな。

She has now released the truck's emergency brake.
彼女は今、トラックの緊急停止装置を放した。

※「緊急停止ブレーキをかけた」という意味。

| VERB | **Sand** | (紙やすりで) こする、磨く |

They sand metal bars to make the surface shine.
彼らは、表面を輝かせるために、金属棒を磨く。

You need to remove any burrs and then sand to finish.
どんなバリも取り除いて、磨いて仕上げる必要がある。

VERB Screw
ねじる、(ねじで)締める

Don't forget to screw a cap on the bottle.
ボトルのキャップを締め忘れるな。

The component was screwed into the cabinet.
構成部品が、キャビネットの中にねじで留められた。

VERB Seal
封をする、(割れ目などを)ふさぐ

We need to seal the cartons with tape.
テープで、カートンの封をする必要がある。

Please seal cracks on the pipe urgently.
至急、パイプのヒビをふさいでください。

VERB Sharpen
研ぐ、尖らせる

She sharpens the knives with sandpapers.
彼女は、紙やすりでナイフを研ぐ。

The experienced worker is sharpening the file tips.
熟練工は、ヤスリの先端を尖らせている。

VERB Smooth (out)
スムーズにする、容易にする

A reasonable production plan can smooth out the pace of our operation.
合理的な生産計画が、作業のペースをスムーズにしてくれる。

The revised standardized work is smoothing out our processes.
改訂した標準作業が、工程（作業の進行）を滑らかにする。

※ smooth out には、「平らにする」「（でこぼこを取って）滑らかにする」といった意味合いがあります。

| VERB | **Soak** | （液体に）浸す、つける |

We soak these materials in a chemical agent.
化学薬品に、これらの材料を浸す。

Processed rubber is being soaked in water.
加工されたゴムが、水に浸されている。

| VERB | **Solder** | はんだ付けする |

I need to solder the broken portion.
壊れた箇所をはんだ付けする必要がある。

The wires are soldered to connect them together.
針金は一緒につなぐために、はんだ付けされた。

| VERB | **Stack** | 積み重ねる、（山のように）積む |

Parts' containers are stacked on the floor.
部品の入れ物が、床に積み重ねられている。

Inventory is stacking up here.
ここに、在庫が山積みになっている。

| VERB | **Step** | 歩く、進む、踏む |

Don't step into this area.
このエリアに足を踏み入れるな。

You may not step on the white line.
白い線を踏んではいけません。

VERB **Tie** — 縛る、結ぶ

Can you tie these cartons with some rope?
これらのカートンを紐で縛ってくれますか。

This rope is tied too tightly.
この紐は、きつく結ばれすぎだ。

VERB **Tighten** — （きつく）締める

Please tighten the bolts.
ボルトを締めてください。

I'll make sure if they are tightened enough.
十分にきつく締められているか、確かめる。

VERB **Weigh** — （重さを）量る

Please weigh these bags on the scale.
はかりで、これらの鞄の重さを量ってください。

The operator weighed the packages one by one.
作業者は、1つずつ袋の重さを量った。

VERB **Weld** — 溶接する

He is welding the pipes.
彼は、パイプを溶接している。

Two metal bars are welded together.
2本の金属棒が、一緒に溶接された。

02 Just-In-Time（JIT）
ジャスト・イン・タイム

　ジャスト・イン・タイムとは、必要なものが、必要なときに、必要な数量だけ、生産の各工程に届くことをいいます。これらの条件を満たしていても、必要のないものまで届くことや、指定の時刻より早く届くことも、必要以上の数量が到着するのも、ジャスト・イン・タイムとは違います。

　ジャスト・イン・タイムというコンセプトは、トヨタ生産方式の2本柱の1つとして知られています（もう1つは、自働化）。ジャスト・イン・タイムは、自社工場の特定の工程だけで実施するのではなく、サプライヤーも含む生産の全工程で行うものです。

　海外の生産現場でジャスト・イン・タイムの指導をするときや、ジャスト・イン・タイムを参考とした生産活動の改善を行う際には、まずは英語よりも、ジャスト・イン・タイムそのものをよく学び、知識や経験を身に付ける必要があります。用語は一般的にもよく使うものが多いですから、一通り目を通しておきましょう。

just-in-time　ジャスト・イン・タイム
just-in-time production　ジャスト・イン・タイム生産

each process　各工程
every process　すべての工程
all the processes　全工程
all the production processes　生産の全工程

　生産工程は、1つの流れとして捉えることができます。それがスムーズな流れなのか、余分な在庫が滞留しているような流れなのか——現場では、こうしたテーマについて日常的に話をすることになるでしょう。

生産現場では、workflow という言葉が「工程の流れ」という意味を表します。

flow　流れ
production flow　生産の流れ
smooth flow　スムーズな流れ
entire workflow　工程全体の流れ
JIT-based production flow　ジャスト・イン・タイムに基づいた生産の流れ

pace　ペース
pitch　ピッチ
Every process moves at the same pace.（すべての工程は、同じペースで動く）といった使い方をします。

前工程
earlier process
preceding process
previous process
後工程
later process
subsequent process
next process

upstream process　上流工程
downstream process　下流工程

必要なものを、必要なときに、必要な数量だけ
just what is needed, only when needed, only in the quantity needed

必要なもの
what is needed

what is required
what is necessary

必要なときに
when needed
when they are needed

必要な数量
quantity (amount) needed
needed (required) quantity

03 Production Leveling
生産平準化

生産平準化とは、生産の現場で生じるバラツキを防ぐこと、また、その取り組みのことをいいます。

バラツキとは、たとえば1ヶ月のある時期に生産が偏ってしまう状態のことです。こうしたバラツキがあることは、生産をしていない時期にも、生産をしている時期と同じ人員や設備などを保有することを意味します。

それよりはむしろ、1ヶ月の間に使える日数はすべて利用し、より少ない人員数で、設備もできるだけ減らしながら生産するのが平準化の目指すところです。

製品（あるいは異なる仕様）をどういう順序でつくっていくか──これも偏り（＝ムラ）を生じさせないための大きなテーマです。ムラが生じれば、部品や材料を供給するサプライヤーへの注文にもムラが生じ、双方のスムーズな生産に支障が生じやすくなります。平準化は、ジャスト・イン・タイム生産には、必須のテーマです。（この例は、「イラストで読み解こう15」→216ページなどにも登場します。）

level（out） 平準化する
even out 平準化する
level out our production schedule 生産スケジュールを平準化する
production sequence 生産の順序
consistent 一貫している、ムラがない、調和した
inconsistent 一貫していない、ムラがある、調和していない
balanced バランスが取れている
unbalanced バランスが取れていない

これから平準化を学ぶ人も、平準化の実現には、小ロットによる生産が不可欠であることが想像できるのではないでしょうか。大きなロットで大量の生産をまとめて行うのではなく、異なる製品や仕様を少量ずつ生産していく方法です。

small lot production　小ロット生産
production lot　生産ロット
lot size　ロットサイズ
a lot size of 48　48のロットサイズ

batch　バッチ（＝一束分、一括でできる数量）
a batch size of 12　12のバッチサイズ
quantity per batch　バッチごとの数量

fluctuation　バラツキ
fluctuation in the production plan　生産計画におけるバラツキ
fluctuation in customer orders　顧客の注文におけるバラツキ

　小ロットで生産を行うということは、段取り替え（生産ラインや機械のセットアップ変更）を頻繁に行うことを意味します。
　段取り替えは、手間も時間もかかることが多いことから、一般的には頻繁に行いたいと考えることは少ないのですが、平準化した生産を行うには必須のテーマとなります。

changing setups　段取り替え
change setups often　頻繁に段取り替えをする
　頻繁に　frequently, constantly
change setups quickly　すばやく段取り替えをする
　すばやく　fast, rapidly

changeover time, setup time　段取り替えに要する時間
setup reduction　段取り替えを短時間で行えるようにすること

04 Autonomation
自働化

自働化とは、機械に「人の知恵」を組み込み、製造する製品の品質を高めたり、ムダなコストを省いたりすることをいいます。

トヨタ生産方式の2本柱の1つ（もう1つは、ジャスト・イン・タイム）である自働化には、自動の「動」の代わりに、にんべんの付いた「働」の字が用いられ、「人の知恵」を組み込むという意味合いが込められています。

「イラストで読み解こう16」（→220ページ）も参照してください。

autonomation は autonomous と operation 合わせた造語です。

autonomous　自主的な、自律的な
automation　自動化
human intelligence　人の知恵
human judgment　人の分別
automation with a human element　自働化（直訳：人の要素を持った自動化、autonomation とは別のいい方）、にんべんの付いた自働化

build in　組み込む、つくり付ける

機械に自動停止装置を取り付けることで、不良ができた際に機械が自動的に停止することには、「不良をつくり続けない」「不良ができても、後工程には送らない（不良はそれができた工程で発見し、対処する）」といった、トヨタ生産方式の品質管理の考え方が表れています。

また、機械が自動的に停止し、不良をつくり続けないようになれば、1人が複数の機械を監視することも可能で、余分な人手をかけなくてもよくなります。これには、コスト削減に対する考え方が示されているといえるでしょう。

製造現場必須ボキャブラリー

defect 不良、欠陥
defective 不良の、欠陥のある
automatic stopping device 自動停止装置
automated equipment 自動化された設備
automated machinery 自動化された機械設備

　ポカヨケに関する用語も合わせて見ておきましょう。操作のミスを防ぐためのポカヨケも自働化（人の知恵を組み込むこと）の１つと捉えることができます。

ポカヨケ
mistake-proofing
error-proofing

ポカヨケ装置
mistake-proofing device
error-proofing device
failsafe device

a tool to avoid human errors　人為ミスを防ぐ道具
a device to find careless mistakes　不注意によるミスを見つける装置

safety device　安全装置
safety guard　安全柵
safety cover　安全カバー

Mistake-proofing devices reduce errors and mistakes.
ポカヨケ装置は、エラーや間違いを減らす。
They also work as safety devices.
それらは安全装置としても機能している。

05 QC activity
QC活動

製造現場必須ボキャブラリー

　QC活動は、職場単位などで小グループをつくって行う改善活動です。品質、コスト、納期、安全などの問題点を挙げ、改善テーマを選定して、半年から1年ほどの期間取り組みます。一度の活動で終わることなく、継続して行うのも特徴です。

quality control activity　QC活動
QC project　QCプロジェクト
small group activity　小集団活動
small groups of operators　作業者による小集団
QC leader　QCリーダー

改善活動
kaizen activity
improvement activity

operators from the same worksite　同じ職場からの作業者たち
people from the related production sites　関連ある生産現場からの人たち

They analyze problems for improvements.
彼らは、改善のために問題を分析する。

They usually meet once a week.
彼らは、通常は週に一度会う。

QC circles identify solutions to the problems.
QCサークルは、問題の解決策を見出す。

06 OJT
オー・ジェイ・ティ

　OTJとは、実際の業務をこなしながら、その仕事の仕方を学ぶ訓練の方法です。各従業員が独自に行うのではなく、管理者や組織の支援を受けながら、計画的に実施します。

on-the-job training　オン・ザ・ジョブ・トレーニング

systematic　体系的な、組織的な
haphazard　行き当たりばったり、無計画に

training program　訓練のプログラム
a proper training plan　適切な訓練の計画
a program for new employees　新しい従業員用のプログラム
skill development　スキルを身に付ける訓練

OJT stands for "on-the-job training."
OJTは、「オン・ザ・ジョブ・トレーニング」を意味する。
　stand for ...　…を意味する

We train our employees through their actual work.
実際の業務を通じて、従業員を訓練する。
　through　…を通じて

OJT should be planned systematically.
OJTは、体系的に計画されるべきである。
　systematically　体系的に、組織的に

07 Off-JT
オフ・ジェイ・ティ

Off-JT は、業務の現場から離れた場所で行われる教育訓練です。業務に関連した知識を身に付けることを目的に行われます。専門分野の知識はもちろん、改善の手法や人材マネジメントなども含む、さまざまな分野の学習をします。セミナーの受講などは、オフ・ジェイ・ティの代表的なスタイルの1つです。

off-the-job training　オフ・ザ・ジョブ・トレーニング

training outside the worksite　職場の外での訓練
seminar course　セミナー・コース
seminar program　セミナー・プログラム
knowledge-based training　知識を身に付ける訓練

Every employee has an opportunity to take the courses.
すべての従業員にそのコースを受ける機会がある。

How do you plan the Off-JT program?
どうやって、オフ・ジェイ・ティのプログラムをつくるのか。

We discuss the plan with our supervisors.
上司と計画について話し合う。
　supervisor　監督者、管理者、上司

製造現場必須ボキャブラリー

COLUMN プラクティカルな英語学習 ⑩

組織としての英語学習
どう取り組めばいいのか

　会社などの組織で、コミュニケーションを取るためのプラクティカルな英語力を高めるには、どうしたらいいのでしょうか。

　これまで、個人での学習方法について考察してきましたが、どうすれば会社全体の英語力を向上させられるのか。それは、一部の人たちだけの力に頼っていたり、多くの人たちが英語の試験勉強しかしない状態では、実現しにくいものです。

　会社の教育にたずさわる部門（教育担当部門）は、効果的な方法を考え、計画を立案し、実施していく必要があります。以下は、参考にしていただきたい取り組みイメージです。

　教育担当部門は…
- 計画を立てる
- 実施する

　より具体的には…
- 具体的な目標設定をする

　目標は、組織全体の英語力を高めることですが、たとえば役員の手紙を英文で書くゴーストライターの人数、品質管理の手順を英語で説明できる人の数といった、具体的な目標をリストにします。こうした目標と達成率は、スキルマップなどにして「見える化」します。

↓

- 社内にトレーナーを育成する

　会話、通信文のクオリティを検証できる人材を育成します。もともと英語力の高い人の中から候補者を募ります。

↓

- 部門別に教材／マニュアルをつくる

社内トレーナーを中心に、各部門で必要となるプラクティカルな英語教材を作成します。たとえば電話応対をする人たち向けの会話フレーズ、注文書や見積依頼書など、実務で使用するものをつくり、そのまま教材やマニュアルにします。この中には、工場で使う英語や、海外工場で指導をする際に使う英語なども入ります。

　教育担当部門は、これを具体的な計画に落とし込み、実施していきます。こうした取り組みには、その内容が英語学習であるかどうかは関係なく協力したがらない人たちもいるのが普通ですから、その状況にも対応する必要があります。
　「組織としてのプラクティカルな英語学習」を「しくみ」として機能するようにするのが、教育担当部門の仕事です。継続しながら、改善を加えていくことも求められるでしょう。
　試験のスコアを管理しているだけの場合と比べて手間は掛かりますが、数年間取り組めば、社内にノウハウが蓄積され、実務をそのまま押さえた場面別の教材やマニュアルができ、トレーナーも育成されていることになります。長期的に見ても、大きな効果が期待できるでしょう。

現場でよく使う専門用語・単語・表現の索引

あ

あご紐	chin strap	70
後工程	later process	61, 157, 183, 235
	next process	82, 84, 235
	subsequent process	235
油紙	oiled paper	174
油しみ	oil stain	124
安全カバー	safety cover	240
安全靴	safety shoes	70, 227
安全柵	safety guard	240
安全装置	safety device	240
安全面の問題	safety problem	57
委員会	committee	128
行き当たりばったり、無計画に	haphazard	242
異常	abnormality	46, 47
異常な	abnormal	46
至るところで	throughout	126
至るところに	everywhere	75, 113, 180
一貫していない、ムラがある、調和していない	inconsistent	237
一貫している、ムラがない、調和した、一致した	consistent	48, 237
1個流し製造	one-piece-flow manufacturing	54
上	top	101
ウェス	waste cloth	123
受入検査	receiving inspection	205
動き	movement	57
後ろ、裏	back	101, 122, 166
運搬	transportation	211
運搬のムダ	transport waste	43
	waste of transportation	135
エアクッション	air cushion	175
エアシャワー	air-shower	196
永久に	ad infinitum	129
	forever	129
エンジン	engine	23
大声で	loudly	154
大声で、うるさく	loud	154
オーバーオール	overalls, coveralls	71
大まかに	roughly	107
同じスピード	the same speed	48
同じペース	the same pace	48, 49, 235
オフ・ザ・ジョブ・トレーニング	off-the-job training	243
オン・ザ・ジョブ・トレーニング	on-the-job training	242

か

カート	cart, trolley	72
カートン	carton	36, 151, 155, 229, 231, 233
外観(見た目)、見栄え	appearance	36, 37, 195

解決策	solution	57, 241
改善	improvement	26, 27, 43, 58, 65, 67, 179, 241
改善活動	kaizen activity	241
	improvement activity	241
改善の計画	Kaizen plan	201
改善マップ	Kaizen map	59
各工程	each process	33, 181, 204, 234
加工機	processor	161
加工のムダ	waste of processing	134
加工ライン	processing line	66
過剰な在庫	excess inventory	44, 75
形	shape	36, 37, 229, 230
価値	value	14, 93
カッター	cutter	114
角	corner	73
稼働率	operation rate	97
下流工程	downstream process	235
環境	environment	97
完成品	finished product	99, 101, 204
乾燥室	drying room	208
カンバン	Kanban	151, 182
危険な	dangerous	209
汚い、汚れた	dirty	119
きちんとした	neat	70, 194
QC活動	quality circle activity	26
	quality control activity (QC activity)	241
QCサークル	QC circle	17, 241
QCプロジェクト	QC project	241
QCリーダー	QC leader	241
距離	distance	61, 228
業務の能率	work efficiency	27
記録	record	206, 207
緊急時、緊急事態	emergency	73
金属棒	metal bar	153, 231, 233
靴底	shoe sole	71
組立工場	assembly plant	29, 149
組立工程	assembly section	196
組立作業	assembly work	67
組立方法	assembling method	195
組立ライン	assembly line	89, 228
クレーム	claim	207
訓練のプログラム	training program	242
計画	plan	22, 201, 231, 238, 243
傾斜した(傾斜している)	inclined	101
計測器	measuring instrument	111
継続的に	continuously	49, 64
削り機	sharpener	67
結果	result	206

現場でよく使う専門用語・単語・表現の索引

検査　inspection ……………………………………………… 92, 205
原材料　raw material ………………………………………… 99, 178
限定的な需要　limited demand …………………………………… 137
現場　site …………………………… 33, 51, 55, 56, 92, 118, 181, 241
現場、実際の現場　real site ……………………………………… 55, 198
個　piece ……………………………………………………………… 96
工具　tool …………………………… 108, 109, 170, 191, 240
構成部品　component ………………………………………… 156, 231
工程間に　in between processes ………………………………………… 74
工程全体の流れ　entire workflow ……………………………………… 235
工程編成　production process arrangement …………………………… 89
行動、振る舞い　behavior ………………………… 28, 95, 130, 131
効率的な工程　efficient process ………………………………………… 88
顧客の需要　customer demand ………………………………………… 16
コスト削減　cost reduction ……………………………………… 137, 221
骨格、フレーム　frame …………………………………………………… 99
ゴム　rubber ………………………………………… 23, 229, 232
ゴム長靴　rubber boots ………………………………………………… 71
混流生産　mixed production …………………………………………… 54

さ

サイクルタイム　cycle time ……………………………………… 62, 179
在庫　inventory …… 29, 42, 82, 84, 85, 93, 100, 137, 147, 180, 181, 184, 216, 217, 218, 232
在庫の価値　inventory value …………………………………………… 93
在庫のムダ　waste of inventory ……………………………………… 134
在庫を運ぶコスト　inventory-carrying cost …………………………… 93
最終組立工程　final assembly process ………………………………… 50
　　　　　　　final assembly section ……………………………… 148
材料　material ………………………… 17, 32, 44, 108, 109, 137, 159, 232
先入れ先出し　first in first out ……………………………… 100, 101
作業　operation ………………… 50, 60, 62, 90, 96, 118, 164, 165, 178, 231
作業着　working clothes ………………………………………………… 71
作業順序　work sequence ……………………………………… 95, 178
作業台　bench …………………………………………… 32, 34, 125
作業（の）方法　operation method ……………………………… 63, 127
サプライヤー　supplier ……………………………… 17, 81, 205, 218
サンプル　sample …………………………………………………… 205
仕掛品在庫　in-process inventory ……………………………… 47, 74, 181
　　　　　　work-in-process inventory …………………… 24, 43, 72, 75
　　　　　　work-in-progress inventory ……………………… 24, 72, 75
　　　　　　WIP inventory …………………………………… 24, 75, 108
資源　resource ……………………………………………………… 211
事故　accident ………………………………………… 18, 19, 95
試作の期間　trial production period …………………………………… 97
指示　instruction ……………………………………………… 34, 202
指示書　instruction sheet ……………………………………… 34, 213
自主的な、自律的な　autonomous ……………………………… 220, 239

248

現場でよく使う専門用語・単語・表現の索引

市場の需要	market demand	17, 136
施設	facility	129
下	bottom	101
支柱（ラックの縦の柱）	upright	99
しつけ	discipline (sustaining the discipline), Shitsuke	105, 130, 131
自働化	autonomation (autonomous operation) / jidoka	220, 239
	automation	220, 239
	automation with a human element	239
	automation with human intelligence	220
	built-in-quality	239
自動化された機械設備	automated machinery	240
自動化された設備	automated equipment	240
自動停止装置	automatic stopping device	162, 220, 240
シフト	shift	32
事務員	office worker	70
蛇口	tap	203
ジャスト・イン・タイム	just-in-time	182, 183, 184, 234
ジャスト・イン・タイム生産	just-in-time production	54, 234
ジャスト・イン・タイムに基づいた生産の流れ	JIT-based production flow	235
シャッター	roller shutter	73
出荷	shipment	20, 181
従業員	employee	87, 229, 242, 243
充填機	filling machine	21
柔軟な	flexible	86
熟練工	experienced operator	107
	experienced worker	51, 231
順次に	sequentially	164
順序	sequence	94
小グループ	small group	200
小集団活動	small group activity	241
少人化（によるライン編成）	flexible manpower line	67, 86
照明	lighting, light	34, 173
小ロット	small lot	54
小ロット生産	small lot production	238
織機	loom	220
	looming machine	162
上司	supervisor	161, 243
上流工程	upstream process	235
職場	work place	119
職場、現場	worksite	28, 35, 56, 70, 118, 140, 195, 200, 211, 241, 243
職人	artisan	153
食品加工ライン	food processing line	37, 71
食品加工機	food processing machine	37
人員配置	operator arrangement	89
水槽	water tank	213, 226
スイッチ	switch	173
スーパーマーケット	supermarket	182
数量	quantity	52, 87, 136, 192, 216, 217, 218

スカート	skirt	70
スキルマップ	skill map	140
スケジュール	schedule	20, 53, 237
ストラップ	strap, cord	70
ストレッチ・フィルム	pallet packing film	75
	stretch film	75
	stretch wrap	75
スピード、速度	speed	29, 48, 90
スプレー	spray	29, 112
スペース	space	72, 171
スムーズな流れ	smooth flow	235
スリッパ	sippers	70
清潔	standardizing, Seiketsu	105
生産管理部	production control department	97
生産効率	production efficiency	27, 90
生産工程	production process	48, 56, 84, 85, 93, 157, 180, 184, 204
生産コスト	production cost	42
生産スケジュール	production schedule	53, 237
生産性	productivity	26
生産平準化	production leveling	216, 237
生産の順序	production sequence	237
生産の全工程	all the production processes	234
生産の流れ	production flow	29, 48, 235
生産ライン	line	15, 37, 51, 66, 149, 168
	production line	15, 32, 34, 36, 43, 57, 74, 85, 88, 168
生産リードタイム	production lead time	88
生産レイアウト	production layout	43
生産ロット	production lot	238
清掃	cleaning (shining), Seiso	105, 126, 128, 129
清掃活動	cleaning activity	126
製造工程	manufacturing process	89, 198
整頓	order (setting in order), Seiton	28, 105, 114, 126
製品開発部	product development department	97
製品番号	product number	206
制服	uniform	70, 194
精密機器	precision instrument	196
整理	sorting, Seiri	105, 107, 126, 229
責任	responsibility	171
切削工具	cutting tool	110, 158
セットアップ	setup	146, 238
設備	equipment	28, 108
セミナー・コース	seminar course	243
セミナー・プログラム	seminar program	243
全工程	entire process	90
	all the processes	234
全工程、工程全体	whole process	49, 90
全数検査	100% inspection	92
倉庫	warehouse	85, 98, 99, 167, 181, 182, 211

	store	93
倉庫用カート	warehouse cart	100
倉庫用トローリー	warehouse trolley	100
倉庫用ラック（棚）	warehouse rack (=storage rack)	98, 100
掃除道具	cleaning tool	119

た

体系的な、組織的な	systematic	242
帯電防止生地	antistatic fabric	71
帯電防止靴	antistatic shoes	71
帯電防止作業着	antistatic working clothes	71
大量生産	mass production	138
タクトタイム	takt time	62, 96, 178, 179
宅配便	courier service	175
多工程持ち	multi-process handling	161
叩きつける音	slam	209
多台持ち	multi-machine handling	160, 161
棚(棚板)、パレットを置く部分	shelf	99, 116, 174
多能工	multi-skilled operator	23, 141
多能工化	multi-skilled development	141
多能工化訓練	multi-skilled development training	141
多品種少量生産	production of many models in small quantities	136, 139
	production of many types (specifications) in small quantities	139
	production of small quantities of many different products	139
	production of small quantities of many models	139
多様(性)	variety	137
単能	single skill	23
単能工	single-skilled operator	141
単能の	single skilled	23
段、階	(multiple) level	99
段取り替え	setup changing	55
	changeover	146, 147
	changing setups	238
段取り替えに要する時間	changeover time, setup time	238
段取り替えを短時間で行えるようにすること	setup reduction	238
注意	attention	212
注文	order	52, 82, 91, 101, 216, 238
朝礼	morning assembly	97
調整	adjustment	146, 147, 153, 168
調和した、一致した	consistent	48, 237
ちり取り	dustpan	119
陳列棚	display	182
通路	passage	32, 72, 73
つくりすぎ	overproduction	18, 19, 135
つくりすぎのムダ	waste of overproduction	134, 135
定位置	fixed position, home position	34
テープ	tape	72, 231
適切に	properly	60, 89, 121, 202

251

適当な、適切な	appropriate	60
手順	procedure	149
鉄	metal	158, 229
鉄板	metal plate	152, 158, 227
手待ちのムダ	waste of waiting	135
手袋	gloves	70, 203
電気掃除機	vacuum cleaner	119
電線	power cable	156
散らかった	messy	119
動作のムダ	waste of motion	134
同時に	at once	160
	at the same time	28, 160
	simultaneously	161
同僚	colleague	191
特注の機械	custom-made machine	149
トラック	truck	81, 230
取り付け	installation	162, 163
ドリル	drill	107

な

長さ	length	61, 158
長袖作業着	long-sleeve work wear (=jacket)	70
流れ	flow	235
ナット	nut	156
7つのムダ	seven types of waste	134
名札	name tag	71
入場の許可(証)	entrance permission	196
抜取検査	sample inspection	92
	sampling inspection	205
濡れタオル	wet towel	123
ねじぶた	screw top	174
ねじ曲がった	twisted	152
接着テープ	adhesive tape	71
ノイズ、音	noise	166, 228
能率	efficiency	26, 27
能率的な、効率的な	efficient	35, 57, 88

は

バーコードのラベル	barcode label	150, 151, 230
配送スケジュール	delivery schedule	21
ハサミ	scissors	111
バッチ(=一束分、一括でできる数量)	batch	238
バッチごとの数量	quantity per batch	238
速く	fast	49, 59, 73, 238
バラツキ	fluctuation	45, 238
バランスが取れていない	unbalanced	237
バランスが取れている	balanced	53, 237
パレット	pallet	72, 75, 98, 99

パレットラック	pallet rack	98
判断	judgment	60
班長	group leader	140, 147, 179
ハンマー	hammer	61, 153
ヒーター	heater	166, 167
ビーム(ラックの横の柱)	beam	98
引き出し	drawer	209
非効率(性)	inefficiency	45
非効率な	inefficient	74, 85
非常口	emergency exit	73
微調整	fine adjustment	153
ピッチ	pitch	235
必要な、必要である	necessary	65, 80, 106, 147, 181, 200
必要な数量	needed (required) quantity	236
	quantity (amount) needed	235, 236
必要なときに	when needed	235, 236
	when they are needed	236
必要なもの	necessary item	106
	what is needed	235
	what is required	236
	what is necessary	236
必要なものを、必要なときに、必要な数量だけ	just what is needed, only when needed, only in the quantity needed	235
一目で	at a glance	114, 141
人の知恵	human element	220
	human intelligence	239
人の分別	human judgment	239
ビニール製の包み紙	plastic wrapping paper	175
ビニール手袋	PVC (polyvinyl chloride) gloves	71
ヒビ、割れ目	crack	121, 231
日々の	daily	126
標準	standard	46, 64, 65, 96, 126, 127
標準作業	standard work	50
	standardized work	60, 232
標準作業票	standard work sheet	47, 58, 62, 63, 64, 178, 195, 230
標準手持ち	standard in-process stock	62, 178
表面	surface	122, 231
品質管理	quality management	221
品質管理の専門家	quality control expert	205
品質基準	quality standard	17
品質検査	quality inspection	206
品質チェック、品質検査	quality check	178, 179, 207
品質の問題	quality problem	200
ファイル	file	116, 117, 209
ファスナー	zipper	71
フィート	feet	158
フード(頭巾)	hood	71
フォークリフト	forklift	98

現場でよく使う専門用語・単語・表現の索引

forklift truck	98, 209
付加価値　added value	15
付加価値を生まない仕事　non-value-adding work	15
付加価値を生む仕事　value-adding work	15
付加価値を与えない活動　non-value-adding activity	45
複数の　multiple	164
不注意な　careless	19, 240
ブッチャー・コート　butcher coat	71
不必要な　unnecessary	57, 106, 158
不必要な在庫　unnecessary inventory	44, 84
部品　part	33, 74, 80, 84, 85, 93, 99, 137, 190, 193, 205, 210, 211, 212, 232
部品ケース　part case	74
部品用ケース（箱）　part case (box)	73
プラス（フィリップス）スクリュードライバー　Phillips screwdriver	25
不良, 欠陥　defect	19, 67, 168, 220, 221, 240
不良サンプル写真　defective sample picture	212
不良の、欠陥のある　defective	240
不良部品　defective part	57, 212, 226
不良をつくるムダ　waste of making defects	134
プル生産　pull production	42
プル生産システム　pull-production system	43
ブレーキ　brake	209, 230
フローラック、流動棚（の一種）　flow rack	101
プログラム　program	22, 242, 243
文化　culture	28, 131
分類の作業　sorting work	107
ペース　pace	50, 231, 235
ベスト　vest	70
ベテランの作業者　veteran worker	95
ベテランの職人　veteran craftsman	153
ベルトコンベヤ　conveyer belt	36, 122
ヘルメット　helmet	70
ペンチ　plier	117
ほうき　broom	119
帽子　cap	70
包丁　kitchen knife	159
ポカヨケ　mistake-proofing	240
error-proofing	240
ポカヨケ装置　mistake-proofing device	240
error-proofing device	240
failsafe device	240
保管　storage	109
埃　dust	122, 123, 166, 167
ボトル　bottle	113, 115, 228, 229, 231
ボトルネック　bottle neck	90
ボルト　bolt	156, 229, 233

ま

マイナス(フラットヘッド)スクリュードライバー	flathead screwdriver	25
前、表	front	100, 101
前工程	earlier process	157, 183, 235
	preceding process	235
	previous process	235
丸み、曲がり	curve	153
ミス、間違い	mistake	42, 90, 155, 199, 240
身分証	identification (ID)	70, 197
ムダ	waste	19, 35, 45, 134, 135, 190
ムダな	wasteful	42, 44, 45
目で見る管理手法	visual management method	141
メンテナンス	maintenance	28, 81
目標値	target	97
モジュール	module	14, 226
	modular unit	163
モップ	mop	119, 125
ものの流れ	product flow	181
問題	issue	17, 137, 201
	problem	30, 31, 47, 56, 57, 67, 74, 121, 200, 241

や

夜勤	night shift	170
やり直し	rework	21
床	floor	32, 58, 119, 121, 124, 125, 227, 230, 232
容器	bin	203
余分な在庫	extra inventory	44, 75, 135
余分な部品	excess part	210
	extra part	85, 190, 211

ら

ライン(=線)	line	58, 59, 72, 232
ラック(棚)	rack	98, 100, 101, 113
ラベル	label	150, 151
乱雑、散らかったもの	mess	118, 119
利益	profit	171
ルール	rule	28, 50, 71, 95, 97, 109, 130
レイアウト	layout	178
レーザー	laser	158
列	(horizontal) row	99
レジ	cashier	182
レンチ	wrench	117, 170
ローリング・レーン	rolling lane	101
ロールケージ・トローリー	roll cage trolley	72
ロッカールーム	locker room	203
ロットサイズ	lot size	96, 238
ロボット	robot	22, 149, 228

著者紹介

松崎 久純（Hisazumi MATSUZAKI）

1967年生まれ。企業の海外赴任者や海外拠点の現地社員を対象に、組織マネジメント、生産現場指導のできるグローバル人材育成を行う専門家。メーカー勤務等を経て、現在、サイドマン経営・代表。南カリフォルニア大学東アジア地域研究学部卒業。名古屋大学大学院経済学研究科修了。著書に『英語で学ぶトヨタ生産方式―エッセンスとフレーズのすべて』『ものづくり現場の英会話ハンドブック』『英文ビジネスレター＆Eメールの正しい書き方』（いずれも研究社）、『ものづくりの英語表現　増補改訂版』『ものづくりの英会話―5Sと作業現場』（いずれも三修社）など多数。

ビジネスエキスパートEnglish
イラストで覚える 生産現場の英語
現地スタッフに伝えたいノウハウとルール

2016年5月5日　初版発行
2019年5月5日　第2刷発行

著　者　　松崎久純
　　　　　© Hisazumi Matsuzaki, 2016
発行者　　堤　丈晴
発行所　　株式会社 ジャパンタイムズ
　　　　　〒102-0082
　　　　　東京都千代田区一番町2-2 一番町第二TGビル2F
　　　　　電話　050-3646-9500［出版営業部］
　　　　　振替口座　00190-6-64848
　　　　　ウェブサイト　https://bookclub.japantimes.co.jp/
印刷所　　日経印刷株式会社

本書の内容に関するお問い合わせは、上記ウェブサイトまたは郵便でお受けいたします。
定価はカバーに表示してあります。
万一、乱丁落丁のある場合は、送料当社負担でお取り替えいたします。ジャパンタイムズ出版営業部あてにお送りください。

Printed in Japan　　ISBN978-4-7890-1632-2